看图学
打台球

灌木体育编辑组 编著

人民邮电出版社
北京

图书在版编目（CIP）数据

看图学打台球 / 灌木体育编辑组编著. -- 北京 : 人民邮电出版社, 2016.1
ISBN 978-7-115-40623-1

Ⅰ. ①看… Ⅱ. ①灌… Ⅲ. ①台球—基本知识 Ⅳ. ①G893

中国版本图书馆CIP数据核字(2015)第240629号

内容提要

本书详细介绍了台球运动的相关知识，内容涵盖中式八球、斯诺克和九球。全书共7章，包含了台球器材讲解、规则、心理、术语、台球的基础知识、基本技术、初中高级技术的练习方法等教学内容。

本书邀请新生代职业斯诺克选手作为本书的演示模特，以标准的姿势为读者进行示范，并以纵览和平视两个角度的台面示意图辅助案例讲解，详细讲解各式球局的打法。

◆ 编　　著　灌木体育编辑组
　责任编辑　李　璇
　责任印制　周昇亮

◆ 人民邮电出版社出版发行　　北京市丰台区成寿寺路 11 号
　邮编　100164　　电子邮件　315@ptpress.com.cn
　网址　http://www.ptpress.com.cn
　固安县铭成印刷有限公司印刷

◆ 开本：700×1000　1/16
　印张：11.5　　　　2016 年 1 月第 1 版
　字数：205 千字　　2025 年 8 月河北第 37 次印刷

定价：49.80 元（附光盘）

读者服务热线：(010)81055296　印装质量热线：(010)81055316
反盗版热线：(010)81055315

耿铭齐

1999 年 3 月生于北京。

7 岁起开始接触台球，13 岁正式开始走上自己的斯诺克职业选手道路。

目前，他在国内的比赛中已获得不少奖项，是国内新生代斯诺克球手中的未来之星，有着巨大的潜力。

2010 年，中国青少年斯诺克锦标赛青年组四强。

2013 年，在世界斯诺克巡回赛张家港公开赛伊蒂丝来力分区赛昆明站中，获得亚军。

2014 年，APTC 中，在海宁站和徐州站的比赛中，均进入了正赛。

2014 世界斯诺克球员巡回赛“海宁皮革城”杯海宁公开赛中，对阵“台球机器”美称的格雷姆·多特时，轰出了 2：0 的比分，显示出不俗的实力。

本书使用说明

针对一些特殊问题，作为提醒或者补充说明出现的。有时会将特别重要的内容单独列出，强调提示。

专业球手标准示范。在规范动作里，会有球手的示范照片，帮助读者了解标准动作。

台面俯视图帮助总览全局。

球员视角平视图帮助代入击球实况。

光盘使用说明

本书配套光盘名称

书中所讲述的动作练习在光盘中有完整动作演示。

此处是播放按钮，点击后可观看视频。

动作名称，每个动作都有正常速度演示和慢速演示两种。

目录

第1章 台球器材

认识台球器材！

第2章 规则、心理、术语

重要规则早知道！

第3章 台球的基础知识

练好基础是关键！

第4章 台球基本技术

各种杆法的打法！

第5章 基本技术及练习

练好基础是关键！

第6章 中级技巧练习

渐循渐进有诀窍！

第7章 高级技巧练习

破解难关成大师！

第1章 台球器材

台球虽小，规矩不少。如果在打球前连使用的工具都不清楚，又怎能取胜呢！

1. 球台

八球球桌

1. 球台：内沿尺寸 2540mm × 1270mm。球台外径尺寸 2850mm × 1530mm。

2. 从地面到库边顶部高度为 800mm~850mm。

3. 球台共有 6 个袋口。中间两个为中袋，开球区后两个为底袋，其余两个是顶袋。袋口标准应遵照中国台球协会的规定。

4. 平行于球台底库，与左右库边相交的直线称为开球线。

斯诺克球桌

斯诺克球台与其他球台相比要大上许多。

1. 球台内沿尺寸 3569mm × 1788mm（长 × 宽），误差不得超过正负 13mm。桌面尺寸 3820mm × 2035mm（长 × 宽）。

2. 从地面到库边顶部高度为 851mm~876mm。

3. 球台四角各一个袋（位于黑球点后的称为顶袋，位于发球区后的称为底袋），球台中间各一个袋（称为中袋）。

袋口标准应遵照中国台球协会的规定。

4. 平行于球台底库，距库边（内沿）737mm 并与左右库边相交的直线称为开球线。

5. 以开球线中点为圆心，靠近底库半径 292mm 的半圆形称为 D 形区。

2. 球 了解不同种类球的样式，明白击打的原则。

球分为白球与目标球，除了白球以外，其他球都是目标球，目标球不可直接用杆打。

最早使用的台球是木质与黄铜质的，后来受印度象牙装饰品影响而开始使用象牙台球。1868 年，美国塑料之父海亚特研究出了塑胶台球，并沿用至今。现在的台球是实心的塑料圆球，色调纯正，表面光滑，弹性好，韧性好，球的重心与球的圆形程度都很精确。为了保持球的使用效果，在每次击打完后，都应当用干软的布擦去附在球表面的污垢。台球的大小分很多种，根据台球的打法不同，所使用的台球大小及质量也就不同。同时，球的数量也因打法的不同而有区别。

八球

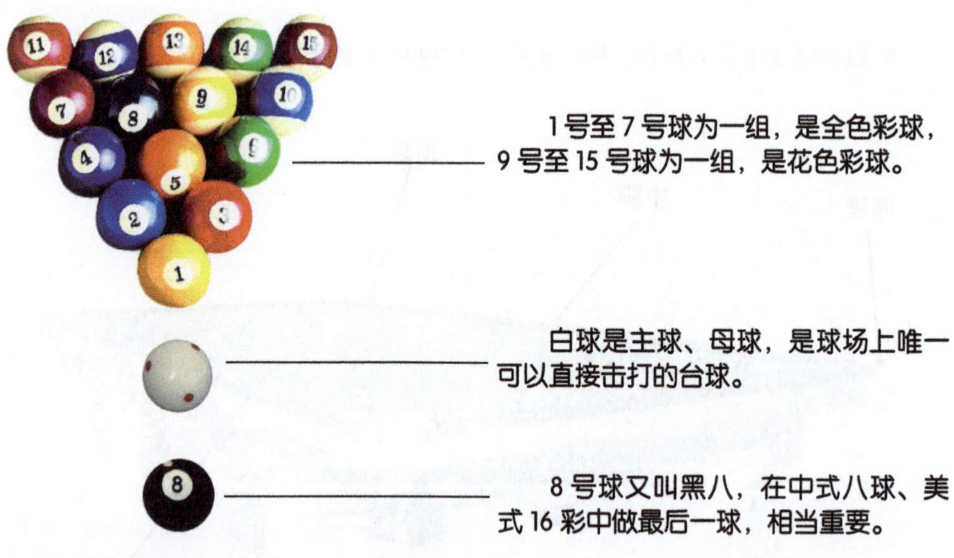

斯诺克球

斯诺克共有 22 颗球
主球——1 颗
黑色——1 颗
粉色——1 颗
蓝色——1 颗
棕色——1 颗
绿色——1 颗
黄色——1 颗
红球——15 颗

所有球都是应用优质材料制造的，每个球的直径为 52.5mm，公差应在正负 0.05mm 范围内。

比赛用球：

（1）所有球的重量必须相同，每副球的公差应在正负 3g 范围内；

（2）更换一个球或一副球，需经双方运动员同意或由裁判员决定。

九球

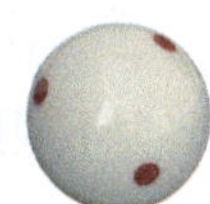

白球是主球（母球），是球场上唯一可以直接击打的球。

9 号球在球局中是最重要的一球，它是定胜负的球，也是最后击打的球。

1 ~ 8 号彩球是目标球，每个球的质量为 170g，直径 5.71~5.75cm。

3. 球框

在台球比赛中，开赛前会使用固定形状的框架将需要的球排成标准形状，这个框架叫球框。球框有三角形的，也有菱形的。

台球球框一般是用塑料压制而成的，档次较高的也有木制的。摆球时将台球置入球框，然后再推到置球的位置。

美式台球是要把 15 个号码彩色球摆在置球点，呈三角形。

诺克台球是要将 15 个红球按三角形摆到规定的位置。

九球则采用菱形的摆球方式。

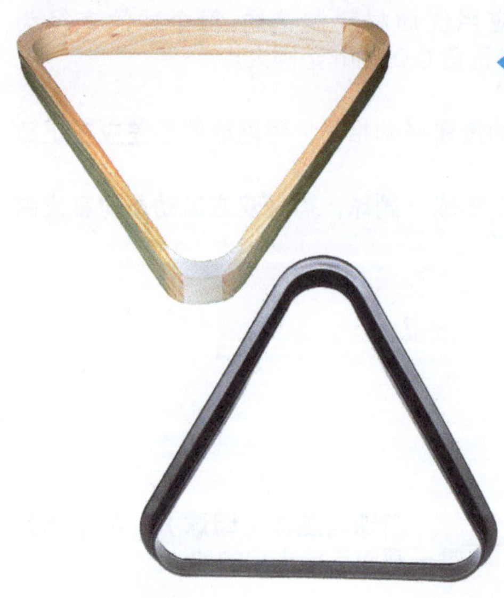

名称：木制三角摆球框

规格（大号）：33X33X33(cm)

规格（小号）：31X31X31(cm)

质量：0.2kg

专业的摆球都要用球框来摆，在平常练习的时候也可用手臂来围挡将球摆好。在摆放时，不要将污渍等粘到球上以及球台上，以免球与台呢摩擦产生不规则运动。

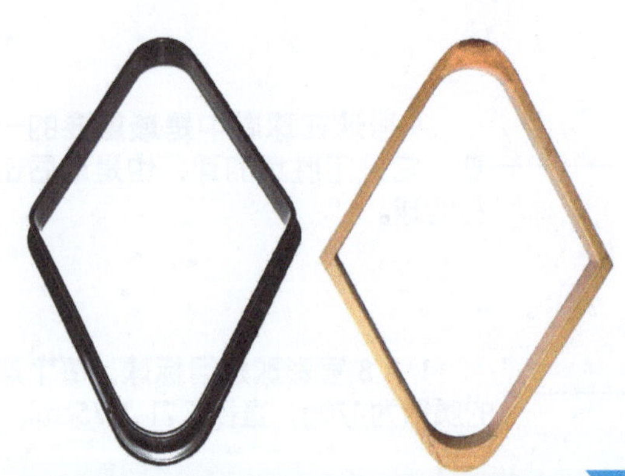

名称：菱形摆球框

规格：九球

质量：0.15kg

中式八球和九球的具体摆放样式

4. 球杆

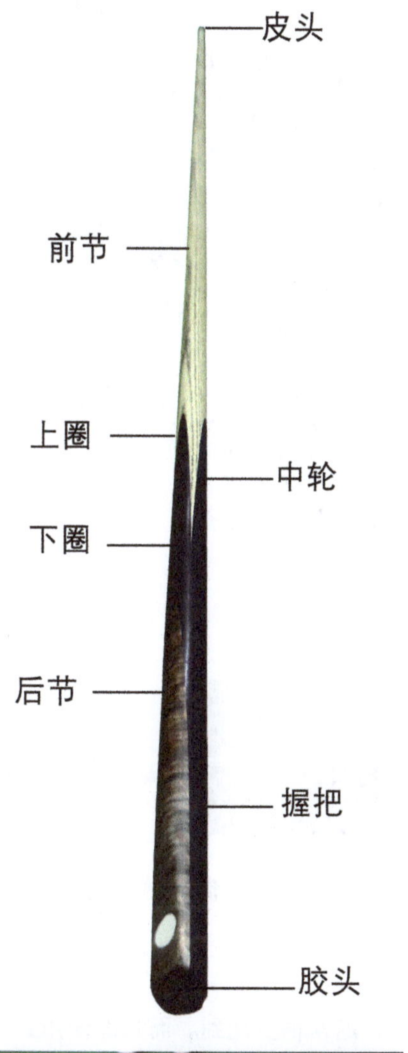

上圈：缓冲与中轮接触面的冲击力，防止前节木材开裂。

下圈：缓冲与中轮接触面的冲击力，防止后节木材开裂。

后节：台球杆较粗的后半部，材质多选用枫木、核桃木、黑檀木、橡木、乌木。

前节：台球杆前半部较细的部分，多用枫木等硬木制造。

皮头：（又名枪头）球杆最前头撞击母球时接触的部分，优质皮料制成。

中轮：连接前、后节，缓冲前后节间的冲力。

握把：大多用线缠绕而成，高档台球杆也有选用皮质材料的，可防手滑。

胶头：台球杆尾部的橡胶部分，内大多有配重螺丝，起调节作用。

左图所示，两支球杆的区别是：左边是击打八球的球杆，右边是击打斯诺克的球杆。八球球杆明显比斯诺克的球杆要粗很多。并且，打八球的时候尽量不要用斯诺克的球杆去打，因为八球比斯诺克球要大，如果说拿斯诺克的球杆打八球，这样会很伤球杆。

一般来说，球杆是手工杆都会在尾部标签处标明“hand made”，此外，手工杆有它特有的标志。手工杆的插花顶部是圆形的，底部是尖的。机械插花的顶部是尖的，底部是方的。

球杆多以柃木和加拿大的枫木为主。柃木有美丽而明显的木材花纹。为了加大球杆的冲击力，可加重握把（后半部）。有的球杆后半截是用红木或乌木制作的，既美观又实用。

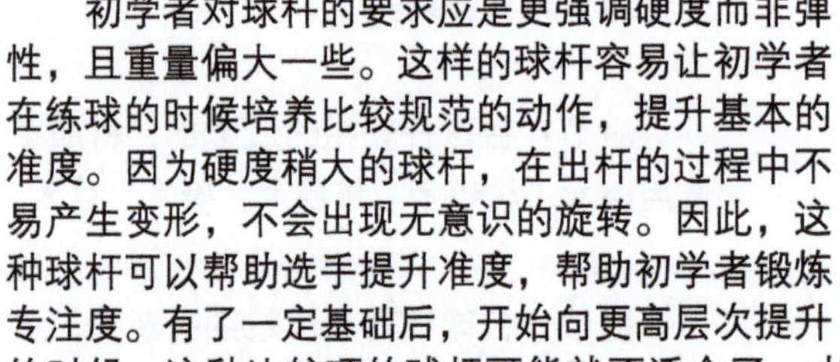

初学者对球杆的要求应是更强调硬度而非弹性，且重量偏大一些。这样的球杆容易让初学者在练球的时候培养比较规范的动作，提升基本的准度。因为硬度稍大的球杆，在出杆的过程中不易产生变形，不会出现无意识的旋转。因此，这种球杆可以帮助选手提升准度，帮助初学者锻炼专注度。有了一定基础后，开始向更高层次提升的时候，这种比较硬的球杆可能就不适合了。水平越来越高，球手发力打击的次数会越来越少，更少使用手臂的力量，而更多地使用手腕的力量，以避免发力时候的动作变形，影响准度。所以，这个时候球手选择的应该是弹性比较大，偏轻，而且都经过化学处理的球杆。这些也是比较昂贵的球杆。

▲球杆尾部的螺丝

加长杆

▲ 将加长杆的顶部与球杆的底部相重合。

▲ 重合之后按照螺旋的方向拧紧就好了。

加长杆又叫小后把，材质跟后把材质一样，通常很少用到。而且即使用到了，就算小后把做得再精美、细腻也不会提高整根球杆的传力，因此无需太仔细地挑选。任意加长伸缩后把也是如此。

球杆有整杆、四分之三杆、二分之一杆。球杆接口越多，对力的传导影响越大。整杆传力最好，四分之三其次，二分之一最差。且二分之一杆不便制作，在瞄准时，接口也容易磨到下巴。对于不喜欢背着整支球杆的人来说，四分之三可以优先考虑。

5. 巧粉与定位器

巧粉

巧粉是台球界里不可缺少的东西。就算是你的球杆再好，如果没有巧粉，也没有办法打球。下面，大家一起来了解一下巧粉吧！

巧粉是涂在球杆的皮头上面用来增加摩擦力的块状物，擦完巧粉就能减少滑杆情况。

巧粉由特殊粉末压制而成，大多是方形。在擦粉时一定要涂抹均匀，能养成每次击球前都擦一下的习惯最好。

巧粉的种类分为油性（又称油巧）和干性（又称粉巧）两种。粉巧与油巧的差别是，油巧比粉巧打得更为均匀一点，尤其是相对比较硬的皮头。有时候在特别硬的皮头上，粉巧会打不上，或者不容易打均匀。这个时候用油巧应该会好些，油巧的摩擦力会更好一些。

打巧粉的原则是为了皮头和球接触的一刹那，不会打滑。如果把巧粉打得非常厚，这样皮头和球接触的一刹那，会产生一定的粘性，击球就不会很脆或打出球的旋转度不是很强烈。有的人打巧粉时在巧粉中间使劲磨，往往把巧粉中间打出一个洞。这样，巧粉的使用率就会很低，因为旁边打不了，中间却磨出了一个洞。值得注意的是打巧粉不是为了打粉而打粉的，而是要让皮头上均匀地附上一层防滑粉。

粉巧一般为浅绿色，油巧一般是深蓝色。

定位器

由于在比赛时会多次击打球，那么球杆皮头上的巧粉就会粘到球的表面，这样就会影响球的正常运动。所以，这时需要将球的表面擦拭干净再放回去。那么在拿走球之前，我们需要考虑再次把球放回原位置。在这个时候，就需要用一种东西固定球的位置了，这就是定位器。

定位器是个长方形小薄片，在中间有个台球大小的凹区用来放置台球。在擦球之前，先按住球，将定位器放在台面上。将其凹面对准球推，直至凹槽完全卡住球。这时可拿起球擦拭，擦完后在将球放入凹槽，目测是否有偏差，待球稳定后将薄片从没有凹槽的方向缓缓取出。

6. 架杆

当非持杆手的手臂不够长时，可将球杆靠在架杆上，以稳定地击打主球。

架杆可以分很多种，一般我们最常见的短架杆也就是在 1 米左右。

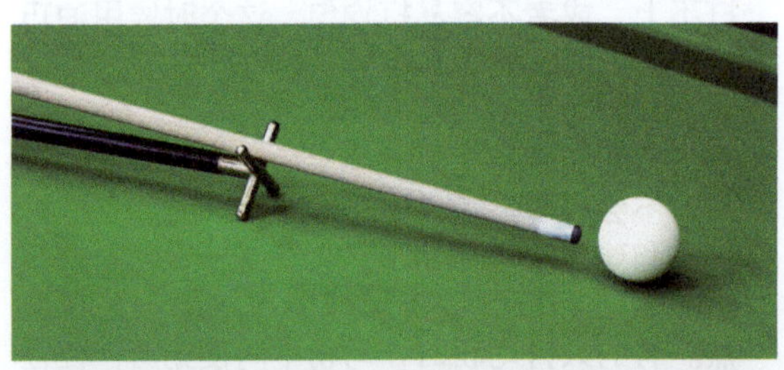

十字架杆

这种架杆前端是十字架的形状，用于主球停留位置不方便手架放置时使用。使用这种架杆也是为了增加击球时的稳定性的。

高架杆

可以架在一颗球上，而且不会碰到球，这样的支架叫高架杆（又称山字架）。使用高架杆时，主要是前边有一颗球挡着，这时候使用这种架杆，就不容易碰到前面的球。

探头架杆

它的形状有点类似蛇头，因此又称为蛇头架。在前面有球而且距离比较远的情况下，可使用探头架杆来击打。

架杆的方法

使用架杆时，拇指放在台球杆尾下面，两只手指放在杆上面，就像持笔一样。平常用作手架的那只手，现在有另一项任务，就是要将架杆紧钉在台面上。除非情况特殊，否则绝不建议将架杆尾部凌空拿着。将架杆紧放台上对击球稳定性绝对有好处。出杆时，将前臂及手腕推出去，但动作要做得畅顺，并将上身的摆动减到最小。除非台面情况不允许，否则尽量将架杆头摆放在距离母球 15~20cm 的位置。因为这个距离也是多数人平常使用手架的距离。

7. 记分牌

常用记分牌分为指针式记分牌和电子记分牌。

横向指针式记分牌

记分牌的左半边顺序标有从 1–19 这几个数字。待进入 20 时则跨越到了记分牌的右半边。右半边又分五个档级，分别为：20、40、60、80、100 五档。

记分用的指针位于字码的上下，材质多为金属。赛事过程中可拨动指针来记分或进位记分。这种记分牌因其字小的缺陷只能用于一般台球厅来记录比赛。

电子记分牌

其显示内容如下。

A、B 双方的总比分；当前本局的比分；选手的单杆分数。

第一行：各有一个指示灯，任何一方指示灯亮表示该方正在击球，记分有效。同时显示双方的总比分。

第二行：显示双方本局比分，可用遥控器设定比分。

第三行：自动显示正在击球选手的单杆成绩。

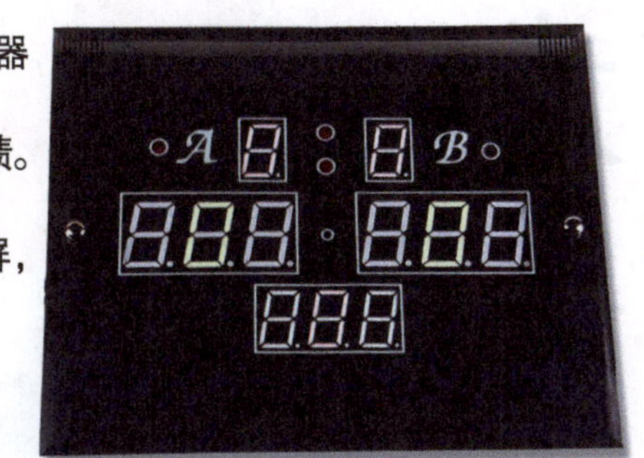

其主要特点如下。

- 采用超薄的玻璃框架，外观酷似液晶屏，高雅时尚；
- 可方便地悬挂（或者吊挂）于室内；
- 数字采用红、绿色显示，清楚醒目；
- 红外遥控器，手感舒适、操作简单。

第2章 规则、心理、术语

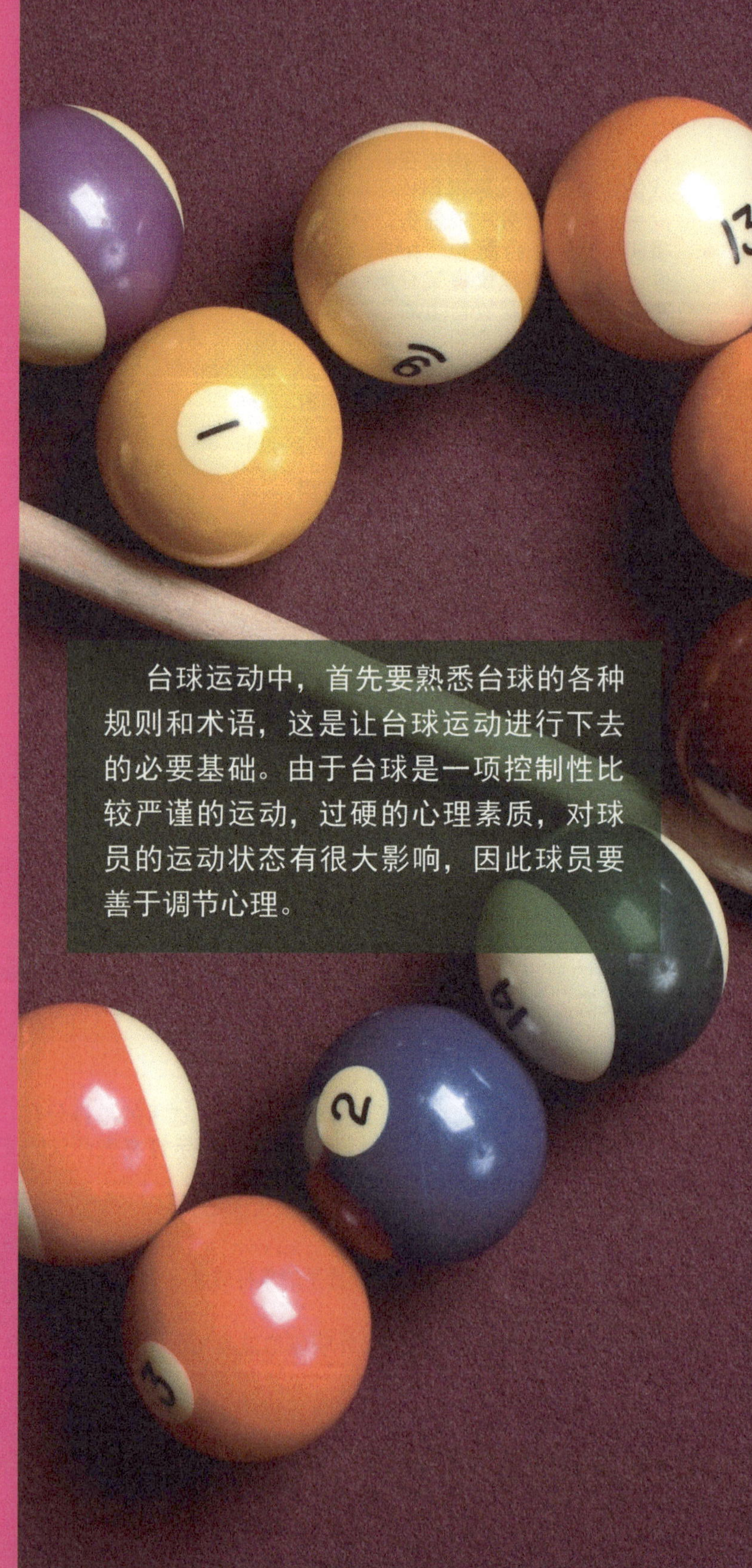

台球运动中，首先要熟悉台球的各种规则和术语，这是让台球运动进行下去的必要基础。由于台球是一项控制性比较严谨的运动，过硬的心理素质，对球员的运动状态有很大影响，因此球员要善于调节心理。

1. 台球的规则

了解基本的台球规则
学习台球的摆放位置
明白台球的正确开球

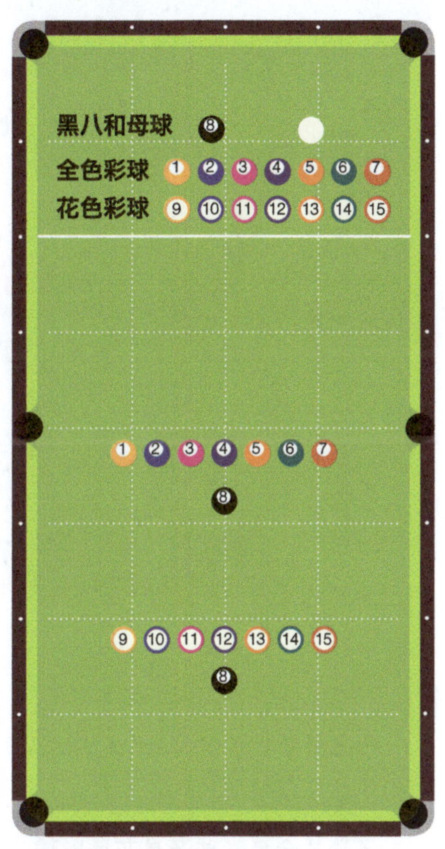

1.1 中式八球的规则

八球的参赛者为两人，台面上有花色和单色球两种组成，加上黑八和白球，一共有16个球，根据开球的情况，谁先打进哪种球，决定该位选手打这种球，另一位选手则打另外一种球。打进七个后打黑八，谁先打进黑八谁就取得胜利。

将全色球或花色球的一组彩球全部击入袋后（无需指球定袋），再将黑八击入袋内（需指袋），算赢一局。如右图下方两组球。

在击打合法彩球时，一杆中击落一个或一个以上的彩球是有效的。但在击黑八时，不能有其他球同时落袋。

台球的摆放

顶点在置球点上，黑八在中间（第三排中间），底边两个角不能是同一组花球。

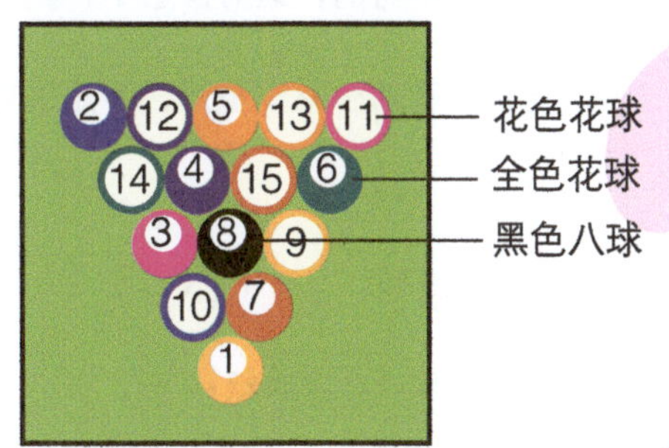

合法开球

开球的时候可以根据个人的习惯，可以正面开球也可以侧面开球，两个位置的瞄准点是不一样的。在开球的时候注意掌控好击球的力量与准度。

开球时有专用的冲杆，大多数人都是自备两三个杆，毕竟在台球桌太大时，不可能让你趴到桌子上去，趴上去有违台球的礼仪。冲杆比击球杆要硬，力量能更好地传导给白球，也不必担心手臂摆动太大，力量分散等情况。

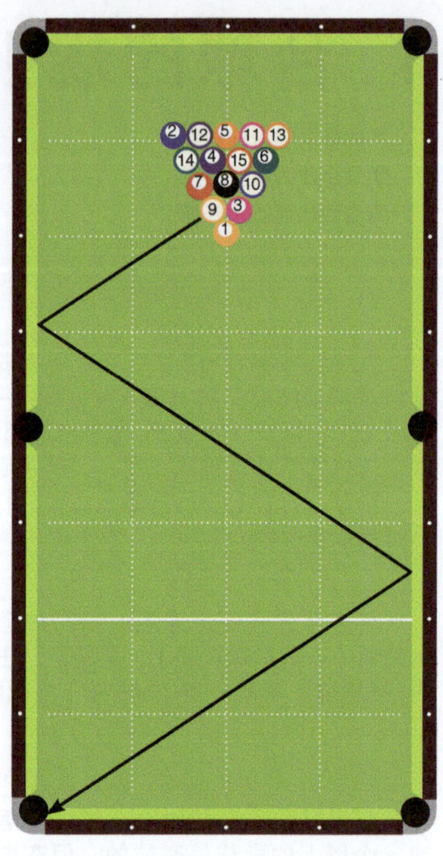

有效开球：至少有一个彩球入袋或四个彩球撞岸。否则为非有效开球。

不论是全色彩球还是花色彩球，在开球时必须有彩球入袋，但是花色球和全色球都入袋是不行的，这时换选手，由对方开球。

还可以有四个彩球撞岸，不能重复，所以越大力地发球，越容易成为有效开球。

开放球局

开放球局 / 选择球组

在球组确定之前，球局被称为开放球局。击球前，选手必须表明他选择击打的球，除非裁判及对手都明确该选手将要击打的目标球，即指球定袋。如果选手合法地击入他所指定的球，这颗球所属的球组即属于该选手，他的对手则拥有另外一个球组。如果选手没有合法击入他所指定的球，球局依然保持开放，换由对手击球。

球局开放时，选手可以选择击打 8 号球以外的任何其他目标球。进袋的花球及所在球组归选手所有。

声明击打的目标球开始击球。

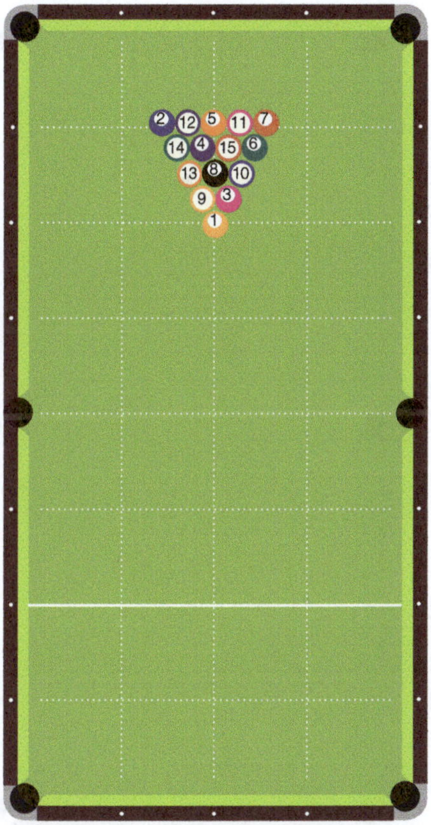

双方队员各一组目标球。

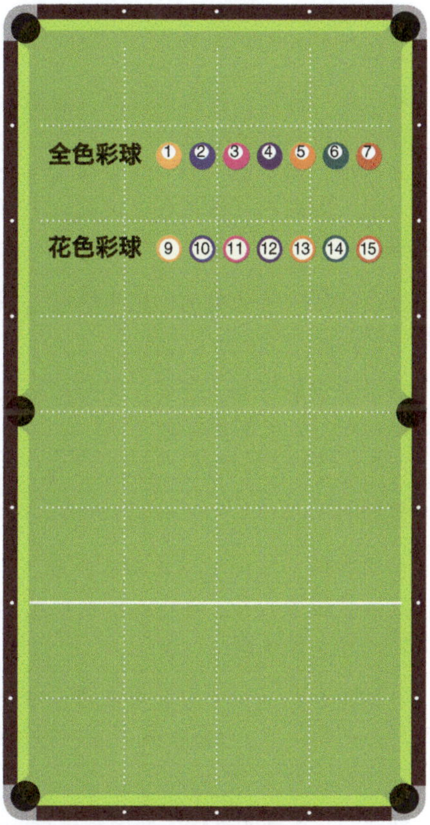

全色彩球 1 2 3 4 5 6 7

花色彩球 9 10 11 12 13 14 15

指球定袋

选手击球前指定下一球击入这个球袋，则目标球不能进入这个球袋以外的袋子。

开球时不必指球定袋，还可以把下一击确定为安全击打，安全击打后换对手上场，不论下一击是否进球，都要换人。

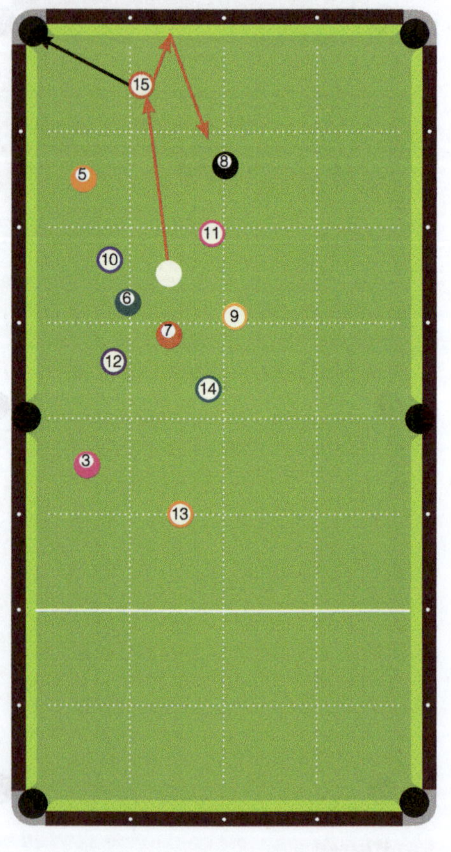

继续击打

在合法击球后，没有犯规的、能留在台面上继续击球的就是继续击打。持续为合法击入 8 号球，赢下这一局。或者是没有合法击球入袋，则换对手接替场上位置，击打己方球组。

当目标球击落球袋后，选手继续击球，否则就换人。

在选手没能击球入袋后，保持台面上球的位置，换对手继续击球。

重置球

如果开球 8 号球入袋或离开台面，8 号球将被重置或重新开。任何其他目标球出现以上情况都不被重置。

开球犯规的话，可以要求重置台球让自己或对方重新开球。一般会有下面两种错误。

错误一：8 号球进袋，要求重置球。

错误二：8 号球离开台面，要求重置球。

犯规

标准犯规由裁判员判定，一旦判定，对手获连续两次击球的机会。

1. 白球落袋。
2. 在开球线外开球。
3. 将对手球击入袋内。
4. 空杆。
5. 直接击打目标球。
6. 台面上的球未停稳就击球。
7. 在目标球未入袋或静止前就开始击球。
8. 无击球权时接触球台。
9. 比赛中选手不能接受他人建议。如果本方球员或球迷提出建议，裁判应向其提出警告，多次出现这种情况，选手将受到犯规的处罚。

10. 在未经允许的情况下离开球台。
11. 在要求先指定打某一颜色球时，忽视该项要求就击球（即击打对方的球组）。
12. 推杆或连击（八球禁止推杆）。
13. 在击打对方犯规制造的障碍球时，没有声明击打对手的某一球或 8 号球就击球。
14. 击球时双脚离地（如爬到球台上）。
15. 打贴球失败。
16. 球滞留在球台以外。
17. 球员的身体、衣服等触动台面上的球。

还有一种严重犯规，由裁判员裁定。

如果犯规选手失去击球机会，裁判员在判对方选手两杆前要将台面上的球尽量恢复原位。严重犯规如下。

1. 故意不按规则击球，犯规后仍继续击球。
2. 故意错击白球。
3. 以某种方式故意引起某一球或一些球的移动，以便出现正常的击球。
4. 故意不用杆头而用其他方式撞击白球。
5. 故意击成跳球。
6. 故意用语言或行为干扰对方击球。

最后一种涉及到台球礼仪，不过以上几种都是很恶劣的行径。

1. 8 号球与彩球同落（开球除外）。
2. 打 16 彩和黑八时未打完本组整组的彩球，就把 8 号球碰入袋内。
3. 选手在击打己方一组的最后一颗球时与 8 号球同落袋。
4. 在一盘中出现两次严重犯规。
5. 在严重犯规后，裁判员无法将球恢复原状。如果是选手偶然出现，可由对手选择继续比赛还是重新开球。
6. 在对手要打 8 号球时，以严重犯规或其他违反体育精神的手段故意阻止对手击入 8 号球。
7. 若一方运动员出现严重违反“体育精神”的行为，那么判另一方获胜。

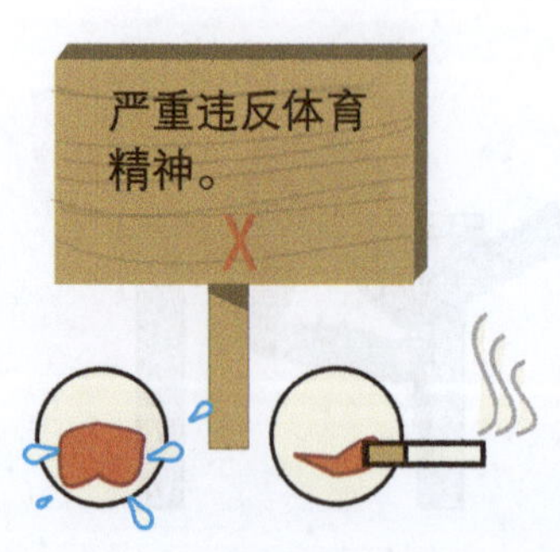

1.2 斯诺克的规则

斯诺克台球是记分式台球，击球落袋即可得分。斯诺克比赛由两个或两个以上的人单独或分边进行。比赛时，选手们使用相同的白球去击打目标球，球台上共有 21 颗球，其中：15 颗红色球（各 1 分）、黄色球（2 分）、绿色球（3 分）、棕色球（4 分）、蓝色球（5 分）、粉色球（6 分）和黑色球（7 分）。运动员标准击球顺序：将红色球与彩色球分别交替落袋，直至所有红色球全部离台，然后按彩球分值由低至高的顺序也全部落袋为止。

斯诺克球的放置位置

球桌分布

球的位置分别在开球区(白色半圆)的直径上和两个对角线的交点上，7 分球在顶袋以里 31.8cm 的位置。

开球区彩球分布

黄色球，分值为 2 分，位于开球区与开球线的右交点；绿色球，分值为 3 分，位于开球区与开球线的左交点；褐色球，分值为 4 分，位于开球区半圆的圆心点。

非开球区彩球分布

蓝色球，分值为 5 分，位于球台两条对角线的交点；粉红色球，分值为 6 分，位于两中袋和两顶袋组成的对角线的交点；黑色球，分值为 7 分，位于台面的纵向中轴线上距顶库垂直距离 31.8cm 处。

红色球放置位置

红色球 15 个，每个分值为 1 分，位于粉红色球和黑色球之间，顶角和粉红色球接近而不相贴的一个正三角形区域。

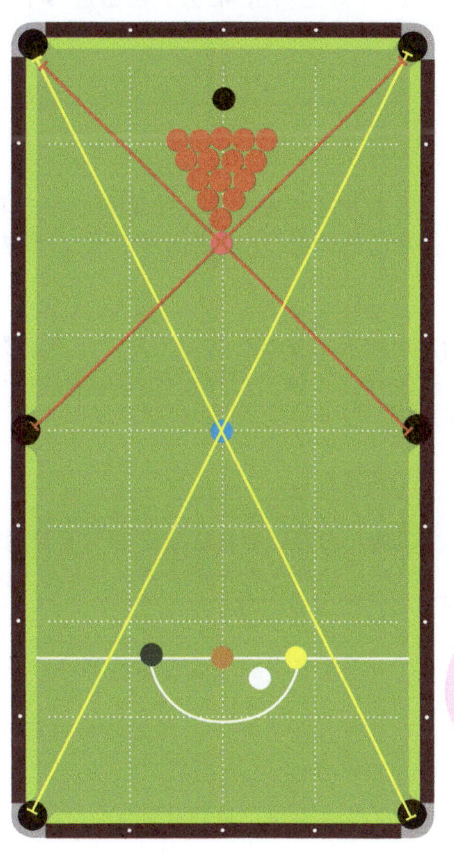

主球放置位置

白色球为主球，可以摆放在开球区中的任何位置上。

分值计算

由于斯诺克的规则是打一红球才能再打一个彩球，所以并不是记住场上彩球的分值和位置就可以。在 6 分球和 7 分球间还有 15 个红球。

最开始要击红球，进球得 1 分。

然后击一个彩球，彩球不限制击哪一球，视进球分值加分。
有人偏爱击 6 分球、7 分球，进球后得 6 分、7 分。

21 个球总共是 42 分，按击进一个红球再进一个黑球这种最高分击球法，可得 120 分。

然后再将 6 个彩球按顺序击入袋内，最高可达 147 分。

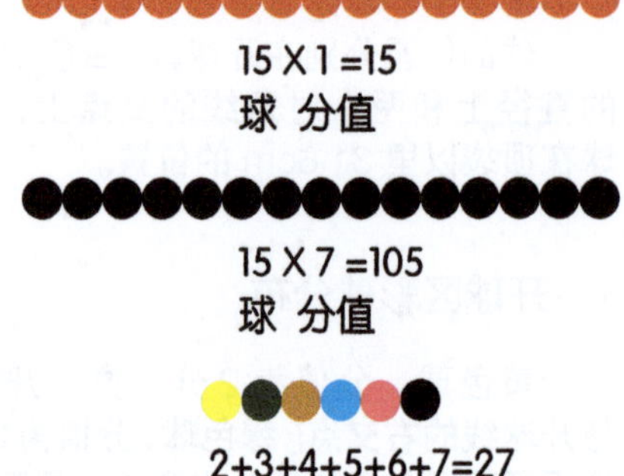

比赛中不只有得分，也会有罚分。具体罚多少看球的分值，不过最低为 4 分，最高达 7 分。

这些犯规判罚 7 分：击红球入袋后，尚未指定球就开始击球；击进红球后，未报彩球又击打红球；不使用白球而使用其他任何一个球做主球。

比赛方式

比赛开始前，参赛各方应采用抽签或彼此同意的方式来确定比赛次序。

1. 一旦比赛次序决定下来，每盘之中的击球顺序就不得改变。除非一方犯规后，对方要求他继续击球。

2. 一局比赛中的各盘应由参赛各方轮流开球。

3. 首杆运动员开球，当其球杆的皮头碰到主球后，或是完成一次击球；让主球移动一个位置。

4. 为了打好球，最好不要有违规处罚的情况发生。

5. 每轮次的第一击以红球（或指定自由球）为活球，直至所有红球全部离台为止。一击球之内每个入袋活球的分值均应记入得分记录。在同一次击球进袋的每一红球与任何被指定当作红球的自由球，它们的分值应记入得分记录。

6. 如一红球或一被指定当作红球的自由球被击进袋，该运动员可继续进行下一击球，且下一个活球应是该运动员所选的一个彩球。如该彩球被击进袋，可得分。然后再将彩球放回该球原来置球点。

7. 红球全部离台前，轮流交替地将红球与彩球击进袋，才能一杆继续下去。直到台面上最后一颗红球被击进袋后，随之一个彩球也被击进袋，一杆球仍可继续进行。

8. 红球全部离台后，台面上的彩球按分值从小到大，依次成为活球，当下一彩球进袋后（除特殊情况外），即留在桌外，不再取出。然后，击球运动员再击打下一个彩球。

9. 红球落袋不再摆回到台面上，即使运动员因犯规而由此受益，也不予考虑，但是有些特殊情况例外。

10. 如果击球方一击球没有得分或犯规，则其这一轮次击球结束。对方从白球停止的地方开始击球。如果白球出界，白球成为手中球。

结束方式

1. 当台面上只剩下黑球（7 分）时，黑球（7 分）入袋或犯规都将使本盘结束，除非同时发生下面两种情况：

（1）此时双方比分相同；

（2）（在以累积分定负的情况下）此时的比分不影响比赛最终结果。

2. 当上述两种情况发生时，则：

（1）黑球（7 分）置于置球点上；

（2）运动员掷币猜先决定击球顺序；

（3）获得开球权的选手从手中球开球；

（4）击球入袋或犯规导致本盘结束。

3. 如果比赛是以累积分决定一局或一场胜负，当比赛最后各方得分相同时，应按上述步骤，将黑球（7 分）重新置位。

获胜者的定义

一场

一场的获胜者，为击球一方，赢得该场最多局数或获得最多总分相应的累计分数。

一局

赢得该局全部或必须的盘数。

赢得该局最多总分数与相应的累计分数。

对方在该局由于“不正当行为”被判罚。

一盘

获胜者只有击球一方。

获胜标准为：全场最高分、对手认输和对手无意识救球犯规。

还有在赛前协商好九局五胜等，赢得局数当场胜。

1.3 九球的规则

九球比赛也是现在花式台球中比较重要的。了解规则十分重要，这对任何人提高球技、端正球风都十分重要。

球的摆放

九球在桌面上摆成一个菱形，9 号球在菱形的正中间，1 号球是在最前面，这两颗球是固定的，其他的球在哪里都可以。白球所在的位置就是在开球线（图中白线）后的任意位置。

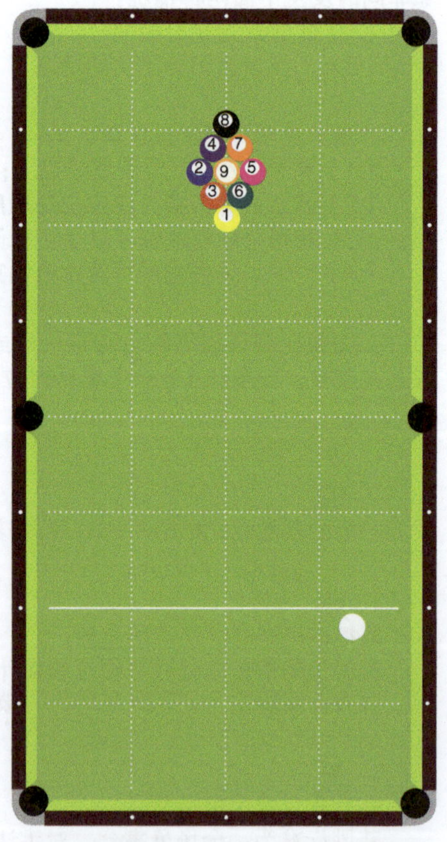

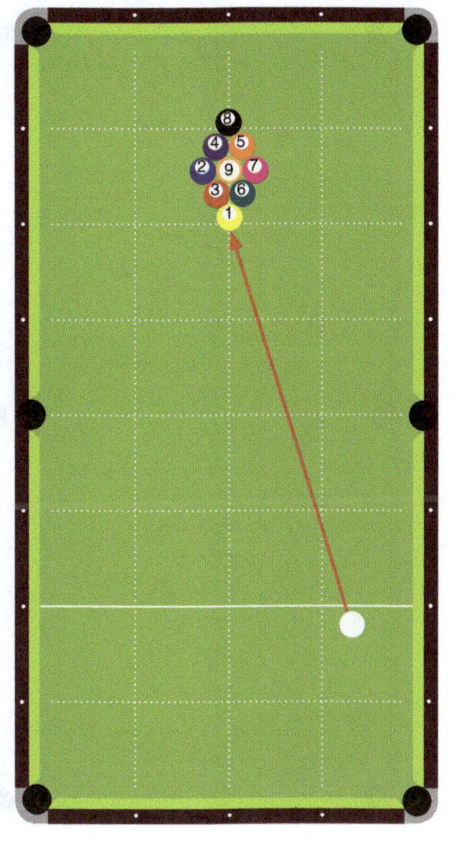

开球

开球时，将白球放在开球区内的任何一点，使用球杆大力击打白球撞击 1 号球，将球堆炸开，开球后要至少有 4 颗球碰到库边或彩球落袋才算有效。

继续击球

开球后，如果有彩球入袋白球的位置不理想，那么可以有次机会使用推杆击打一下白球（推杆前要向裁判声明一下），可以不撞到库边。若无彩球落袋，推杆后，对手有权选择击打或者不击打。然后从 1 号球开始打，按照顺序依次打到 9 号球。

在九球中，除了第一杆可以推杆，在之后的击球过程中就不可以有类似的事情发生了。在击打时的每杆球除非进袋，不然的话白球和彩球就要碰库边，这样的球才算有效。

九球进袋

如果说从 1~8 号球都进了，9 号球没有进，那么不算赢球。另外击打台面上最小的分值去撞击 9 号球，9 号球进袋了，算赢球。有时，开球时 9 号球就进袋的情况也会出现，则这局直接获胜，这也叫黄金开球。赢得一盘的选手会获得下一盘的开球权。

犯规

1. 击球时，白球未先碰到应该击打的球。
2. 击球时，白球落袋或飞出台面。
3. 击球时候，台面上任何一颗彩球飞出球台。
4. 击球时，双脚离地。
5. 击球时，目标球未进袋，又无任何球碰到库边（开球后推杆除外）。
6. 在球未停稳时就开始击球。
7. 击球前后，身体、衣服或者任何其他物体触碰到台面上的任何一颗球。

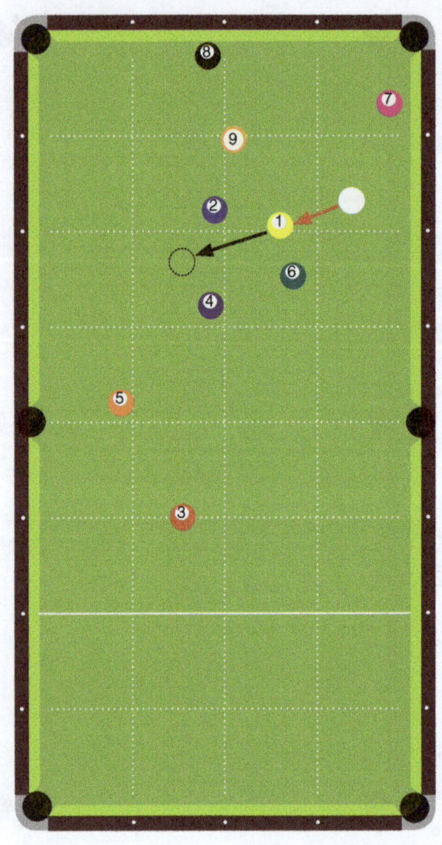

错误示范

左图中，击打白球后撞击 1 号球，1 号球向前运动一点后就停住了，并没有进袋或者是撞击到库边，这样就造成了犯规。

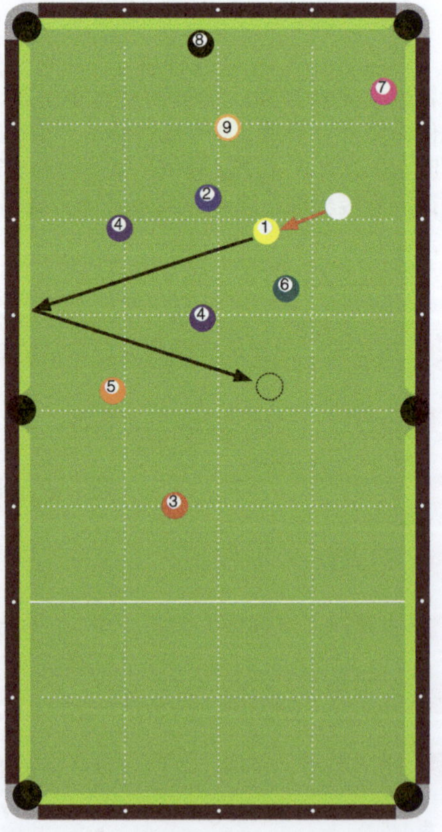

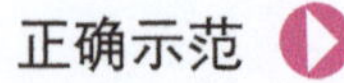

正确示范

右图中，击打白球撞击 1 号球，1 号球向前运动并且吃库反弹，这种击球才算是有效击球。

2. 台球运动心理调节

比赛时有一个好的心情是影响赛局的重要因素，失手后能很快调节回一个稳定的心理状态并少丢些球，这也是一名职业人士必备的素质。

良好的心理能力对于台球运动员的比赛成败有着非常重要的作用，那么，一名优秀的台球运动员应具备哪些心理素质呢?

1 良好的心理定向能力

心理定向是完成运动技术动作的重要心理因素。这一点对于台球运动员来说尤为重要。在台球比赛中，要求运动员具备沉稳的心态和良好的专注力。只有具备稳定心理定向能力的台球运动员，才能保证其所具备的技术得到充分的发挥。

2 优秀的运动知觉能力

运动知觉是一种复杂的知觉，包括：客观运动知觉和自身运动知觉。在台球运动中，运动员不仅要对预击球的位置、主球走动路线等客观情况做出判断和分析，同时还应对控制球杆运动的各个肌肉活动、平衡情况有良好的感知能力。所以，我们说优秀的运动知觉是一名出色的台球运动员不可或缺的心理能力。

3 创造性的空间构想能力

台球运动员在准备击球落袋时，不仅要选择击打目标球的击球点，还要构想出目标球被击打后的运动轨迹。因此我们说创造性的空间构想能力能保证台球运动员击球的成功率和准确率。

4 良好的心理调控能力

良好的心理调控能力对于每一名竞技运动员来说都是保证比赛成功的关键，所以在赛场上保持平和、冷静的心态，就能取得好的成绩。

台球最重要的就是专注，专注地练习，总能很好地发挥自己的实力。然后就是心态保持平静，将注意力集中到击球，心里自然就平静下来，但突遇失球还是会有些慌张，这时一定要努力保持心态的平静，避免过多失球。

要对比赛充满期待。当一个人在期待、喜欢、兴奋等积极的心态下，能够提高自己的反应能力，做到一般情况下不容易做到的事。

比赛时也会出现无法调动情绪的情况。这时可以考虑转移注意力，避免自己过于紧张。在紧张时，身体会下意识地绷起来，对握杆击球有很大的负面影响。此时可以去观察对手，看对方的走位习惯。

在球台上时，也可以借着擦巧粉观察球路以缓解紧张。

3. 台球运动中常见的术语

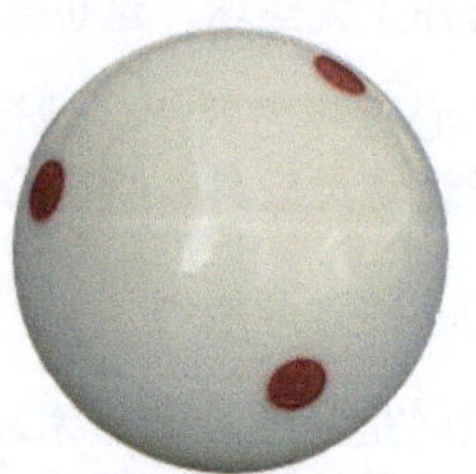

④ 白球

⑤ 目标球（八球）

⑤ 目标球（斯诺克）

① 场（Match）

比赛双方商定或比赛组织者规定的决定胜负的若干局比赛称为一场。如 9 局 5 胜、19 局 10 胜等。

② 局（Game）

比赛双方商定或比赛组织者规定的决定胜负的若干盘比赛称为一局。如 9 盘 5 胜、19 盘 10 胜等。

③ 盘（Frame）

从开球开始，直至一方运动员认输，或只剩下一个黑球时，击球落袋或犯规称为一盘。

④ 白球（Cue-ball）

运动员从始至终用球杆直接击打的球，并借用该球运动的力量撞击其他球而得分，这个球叫作白球或母球。

⑤ 目标球 (Object Balls)

比赛中运动员需要用白球击中的球称为目标球。

⑥ 击球运动员 (Striker)

运动员开始击球，在一击球或一杆球结束之前，也就是裁判员宣布“失机”或“犯规”之前，这个运动员保持着击球运动员的身份。

⑦ 脚颗星（Foot Rail）：球台四周的护栏中，靠近三角框的那一端的短边。

⑧ 一击球 (Stroke)

凡是运动员用杆顶端皮头击打白球，无论是否得分、犯规或失机都称为一击球。

⑨ 一杆球 (Break)

击球一方从击球得分开始，直至击球因未中或犯规而停止击球，这样连续击球得分为一杆球。

⑩ 手桥 (Bridge)

用于架住球杆和调整杆头瞄准方法的手，称为手桥。

⑪ 手中球 (In-hand)

每盘比赛开球前，或白球落袋，或白球出界，或裁判员裁定白球持在运动员手中，没在开球区击球，均称为手中球。此时，击球运动员可在开球区内有利于自己击球的任何一点，向任一方向，将主球击出。

⑫ 局中球 (Ballinplay)

从每盘比赛开始，到每盘比赛结束之间，除手中球外，均称为局中球。

⑬ 活球 (Ball On)

根据规则规定，允许用白球直接撞击的球称为活球。

⑭ 死角球 (Angled)

如果白球被台边角阻挡，不能直接击到任何球时，白球即称为死角球。

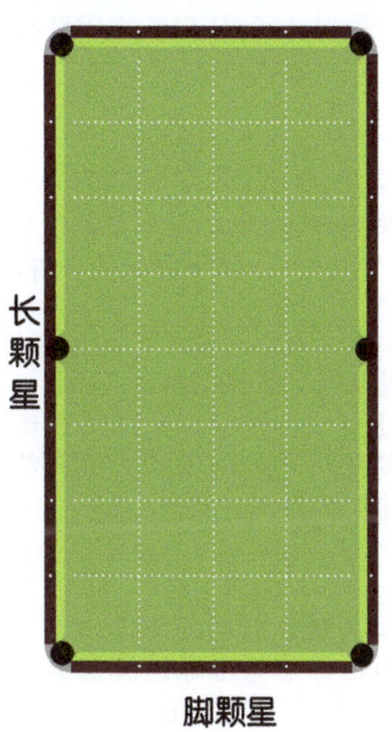

⑦ 颗星

⑩ 手桥

15 定袋（Called Pocket）

在美式台球中，运动员在击球前必须向裁判员指明(口头或用杆指出）要击入哪个球袋。

16 空杆 (Miss)

将白球击出后，没有撞到任何球，即为“空杆”，属于犯规的一种。

17 指球（Called Ball）

在美式台球中，运动员在击球前必须向裁判员指明(口头或用杆指出）所要击打的目标球是哪一颗。

18 二次撞击（Double Kiss）

当目标球与白球连续撞击两次或以上的，称为二次撞击。

19 占位 (Occupied)

当被打球入袋或出界后，需要摆放该球的点位又被其他球所占据时，即称为占位。

20 失球 (Loss Chance)

当运动员正常击球，但没得分，即为“失机”，换由对方击球。

21 联合击法（Combination）

白球撞击目标球后，被白球撞击的目标球又去撞击其他目标球，并以此方法来击球入袋。

22 8 球

一种花式台球的竞赛方式，使用白球及 15 颗花球，双方各自由 1 号及 15 号球按顺序将球打进袋，先打进 8 球者获胜。

15 定袋

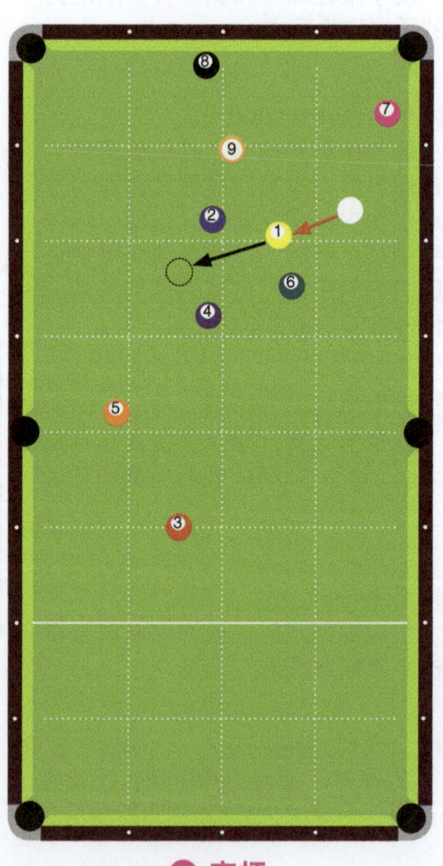

16 空杆

㉓ 犯规击球（Foul Stroke）

在击球时，发生违反规则的行为。

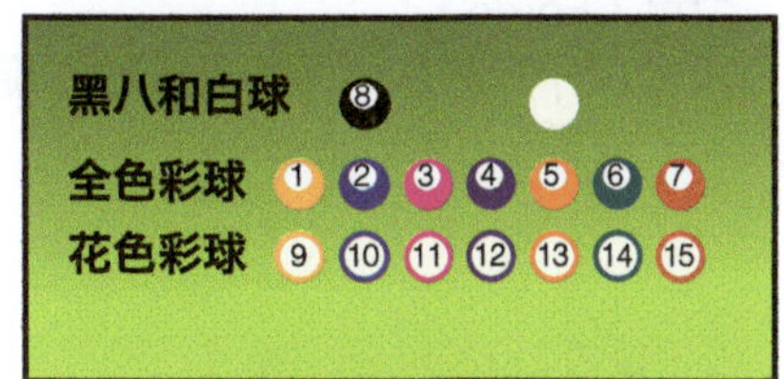

㉒ 8 球

㉔ 自落 (Drop of the Cue-ball)

白球击出后，无论是否击中被打球，白球落袋，即称为“自落”。

㉕ 推杆 (Push Stroke)

击球时，当白球已经和被打球接触而杆头尚未与白球脱离或白球已经开始向前滚动而杆头继续与白球接触，即视为“推杆”。但如果白球与被打球几乎相贴，击打白球时使其薄薄地轻轻地从侧面擦过被打球，这种击球方法不属犯规。

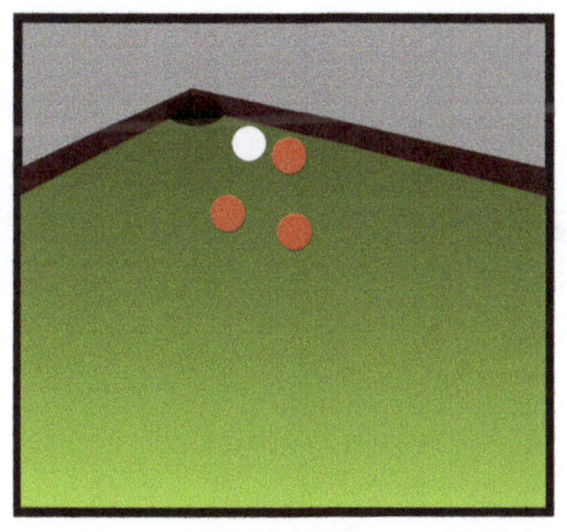

㉖ 死球

㉖ 死球 (Snookered)

白球在任何能够撞击到活球的直线线路上，被一个或多个非活球阻挡的时候，白球便称为死球。

㉗ 连击 (Double Hit)

在击球时，一击过程中，两次或两次以上击打白球的情况，称为连击，属于犯规。

㉘ 扎杆

㉘ 扎杆 (Prick Stroke)

将球杆斜向下或几乎与台面垂直击打白球，称为“扎杆”。

㉙ 随势出杆（Follow-Through）

随势出杆是球杆击打白球后，球杆穿过原来白球所占位置范围继续运行的路线。

30 力度（Force）

通过球杆打击白球，并导致球在旋转、反射角、分离角等方面产生变化。

31 指定球 (Nominated-Ball)

击球运动员击球前，向裁判员声明所要击打的目标球，称为指定球。在各种台球打法中都有具体规定，击打指定球时，可以报号数，可以报分数，也可以报球的颜色或向裁判员示意和用球杆指点。

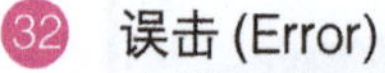

32 误击 (Error)

击错白球，误将其他球当作白球击打；或者没有按规定顺序击打活球而击打非活球时，即为误击。

33 贴球 (Touching Ball)

台面上球完全静止后，白球与其他球没有任何间隙而紧贴在一起，称为贴球。

34 僵局 (Stalemate)

当比赛双方使台面上的球势形成相持局面，致使比赛无法正常进行下去，即称为僵局。如果裁判员认为比赛即将陷入僵局，应立即警告双方，若不及时改变僵持局势，就要宣布本盘成为“僵局”，本盘比赛，比分无效，重新摆球。

35 薄击球（Feather Shot）

白球仅仅擦碰目标球，被称为薄击球。

36 球杆（Cue）

一种由木质材料造成的锥形体，用其击打白球。

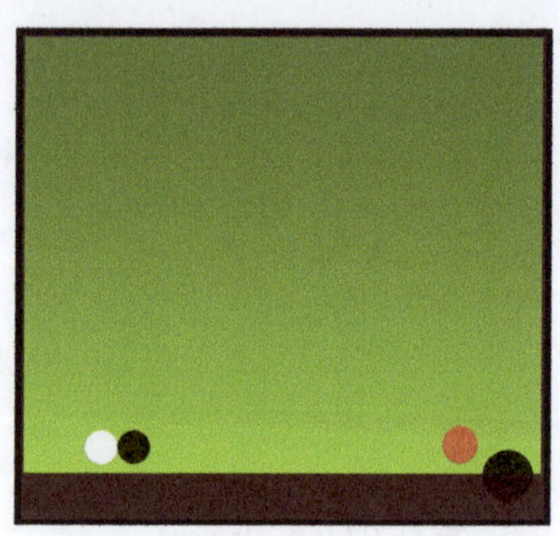

33 贴球

35 薄击球

36 球杆

37 出界 (Forced off the Table)

出界也叫出台，当一击球完后，无论白球或是被打球，跳出球台落到地上和球已静止时球停在台边沿上，即为出界，属于犯规。

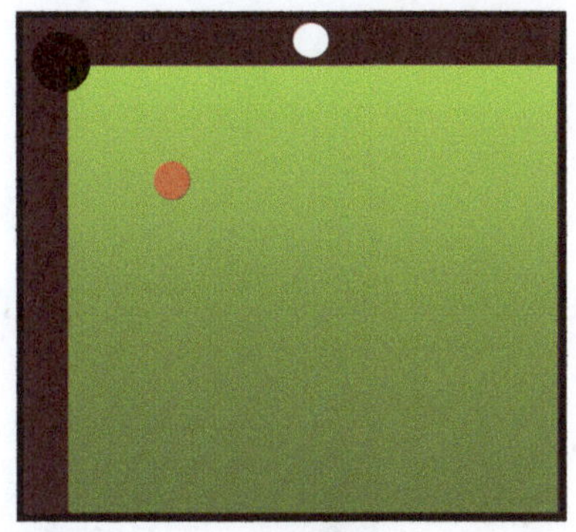

37 出界

38 缩球击法 (Draw Shot)

白球被击打中心靠下的点时，会产生下旋，当白球击打目标球后，便会向后方缩回。

39 跟进球击法 (Follow Shot Harough)

当白球被击打中心靠上的点时，会产生向前的旋转，当白球击打目标球，白球会向前继续滚动。

40 入球点 (Contact Point)

白球撞击目标球入袋时，白球与目标球击撞的位置，叫作入球点。

42 吻击球

41 单杆过百 (Century)

在斯诺克台球中，一杆球连续得分等于或超过 100 分，即称为单杆过百。在正式比赛中单杆过百会被官方记录。

42 吻击 (Kiss Shot)

白球碰击多于一个目标球，这种击法叫吻击。

43 碰岸比近 (Lag For Break)

双方运动员将球从开球线后击出去碰对岸返回，并力图使返回的球尽可能地靠近岸边。通过比近决定开球权，所以又叫比球。

44 侧旋球 (Sidespin Ball)

通过球杆头部击打白球的左右侧，产生出侧旋转的球。

44 侧旋球

第3章 台球的基础知识

台球在漫长的发展之后，形成了一套系统的基本动作姿势。无论专业运动员还是普通的台球爱好者，学习和了解这些基础知识都是十分必要的。

1. 站位的姿势

1.1 站立姿势

站位的姿势，无论是对于初学者还是有一定实力的爱好者都非常重要。在身体直立的情况下，要根据白球的方位来判断所要站立的位置。姿势完成后，两脚底内侧能感受身体重量，不要只是脚跟或脚底受力，前后都要受力均匀，这样才能保证右腿从侧面看基本垂直于地面，特别需要注意的是，这个倾斜是自然的倾斜，而不是刻意为之的。

正方站　　侧方站

1 预备动作

右手按照要求握好球杆，面向球台上要打的白球方向站好，平握球杆，杆头指向白球，并与白球保持一定距离。注意球杆的指向必须与白球的行进方向呈一直线。

2 左脚向前迈

左脚向前迈一步，身体微微向前向右倾。其他动作保持不变。

3 架球杆

右脚踩在击球线上，身体向前向右倾，身体有被右脚带上去的感觉，并且把你的左手和右手放在击球线上（这个地方有个细节：不用把手和杆死死地放在击球线上，大致放在这个地方就可以，要求是放松）。

4 压在桌台上

俯身下去，手架慢慢到位（小臂弯曲，要比肩低），头到位（固定在击球线上），右脚蹬直左脚弯曲，上身和地面平行，左右脚承重分配开始微调，基本调整好后，开始运杆。

5 击打完毕

运杆时小臂向前倾，眼睛注视白球，用适当的力推动球杆击打白球，其他整体姿势保持不变。

1.2 脚的位置

未俯身

未俯身时，双腿直立于地面，两脚分开，右脚在前，左脚在后，两脚分开的距离只有微微一小步，不必太大。

俯身

俯身时，左腿向前迈一步，与肩同宽，膝盖向前弯曲，右腿还是直立于地面，保持不变。

1.3 躯干姿势

正面姿势

眼睛瞄准目标球，目光与白球呈一条直线。左手五指张开，大拇指紧靠食指，微微向上翘起，掌心根据当时情况向上拱起一定的高度，肘臂稍弯曲。球杆放于拇指与食指的交界处。在出杆时，保证其稳定性，头处于球杆的正上方，球杆尽量贴近下巴，保持球杆与视线在一条直线上，这样可以更清楚地校正位置，更准确地击打到白球。

右侧姿势

右手握于球杆重心后 20~30cm 位置，小臂与地面垂直。右脚绷直，呈笔直状态，左脚弯曲，身体重心在两腿之间，两腿不要过分前倾，也不要过分向后，保持支撑腿、球杆与白球在同一平面上，保持一个放松的姿态。

▼ 正面

▼ 右侧

背面姿势

从背面看，球杆从胸前穿过，身体微向右侧，给身体一个轻松发力的姿势。这样做会更好地控制力道，避免力大控制不好球杆，以至在击打时球杆跑偏与视线分离。借用巧力运转，身体微侧，在身体的扭转下，可有效控制力道。

左侧姿势

从左侧看，眼睛目视白球，与球杆呈一条线。身体向下弯曲，与桌面平行，左脚向前弯曲，右脚绷直，这样的姿势可分散整个身体的重力，上身就不会因为重力而影响发挥。这样的姿势，就是击打台球的正确姿势。有的人觉得这样会很累，但用这样的姿势打球，会使你的球技大有长进。

背面　　　　左侧

1.4 面部姿势

尽量使球杆保持在额头中轴线上，双眼保持水平前视，使面部中线与球杆、后臂三点尽量位于一条直线上。

1.5 手部姿势

▼ 侧面姿势　　▼ 侧面姿势

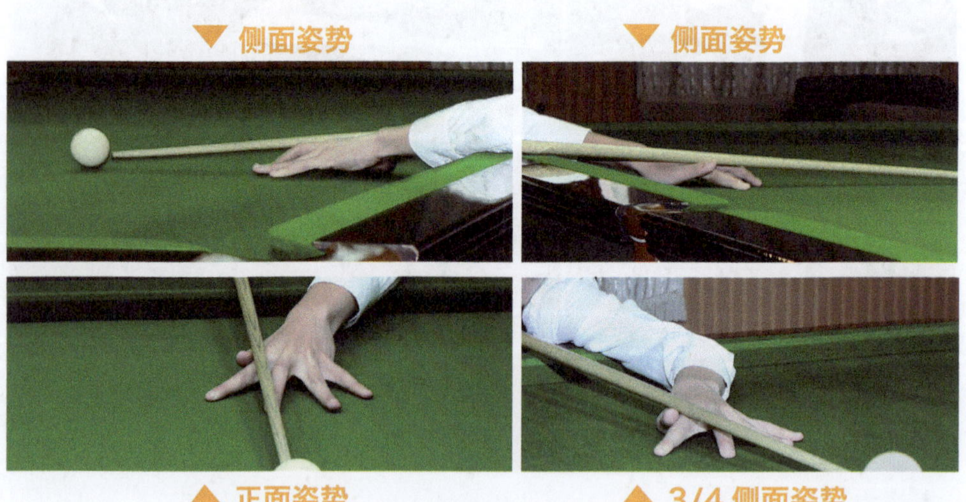

▲ 正面姿势　　▲ 3/4 侧面姿势

架杆手的姿势很重要，这可以保证击球的稳定性。从不同的角度来看这个手架，能更清楚地了解它的形态。

2. 握杆手姿势

了解球杆的重心位置
学习如何找准握杆位置
明白握杆时的不同握杆方法

2.1 球杆重心位置

用手握住球杆后部，将球杆调整到两端平衡，那这个地方就是球杆的重心位置了。然后由重心点向杆尾处移动 20~30cm，在这段距离内握住球杆是比较合适的。

根据主球离库边的远近、不同力度出杆等情况，握杆的位置可以偏前或偏后。比如：主球贴库时，要握住接近杆的重心位置；主球较远时，可以握杆靠近尾部的位置；如需要大力击球时，握杆手亦可以往后握，以加大握杆和出杆的距离，便于发力 。

2.2 握杆的方法

握杆时，拇指和食指在虎口处轻轻夹住球杆，握住球杆的是手的前部，拇指和前两个手指，另外两个手指虚握，小指包绕在球杆底部，主要配合控制球杆的平衡与稳定，使球杆保持直线运动。不用太过于用力了，切不可攥紧球杆，也不可攥得很松，保持一个适度的力量将球杆握住。不然，手和手腕会肌肉紧张，手臂僵硬，就不能平顺地出杆击球。

握杆时需要注意，小臂要与地面呈 90° ，便于拉杆。握杆时，手腕要自然下垂，不要内扣，也不要外翘，要自然地垂直，小臂与手腕在一条线上。握杆的时候，拇指、食指、中指用力即可，无名指与小指轻握住，不用太过用力。当然，并不是所有的人都是相同的，读者可根据自身情况的不同来正确地掌握握杆。在训练中，只要注意手腕位置下垂就可以了。当然，也不用刻意地去强求，以免影响击球。

▼正面手腕

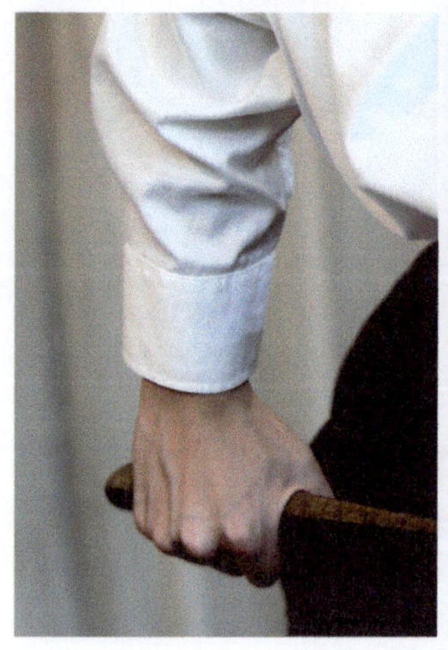

▼正面手臂

2.3 握杆的错误姿势

▼手腕向外翘

▼手腕向内扣

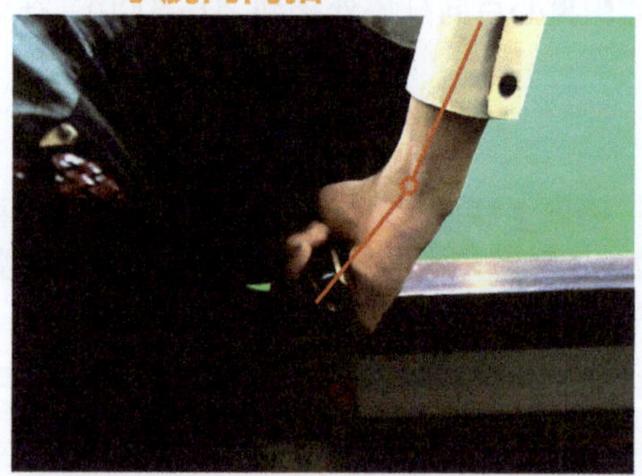

▼握杆太靠后

▼握杆太靠前

3. 架杆手的姿势

手架就是架杆手，也称作枕手，主要起到支撑、固定球杆的作用，并对杆头在主球的击球点进行调整。左手右手皆可，凭自己个人的习惯来选择。

特别提示：斯诺克不能使用凤眼手架。

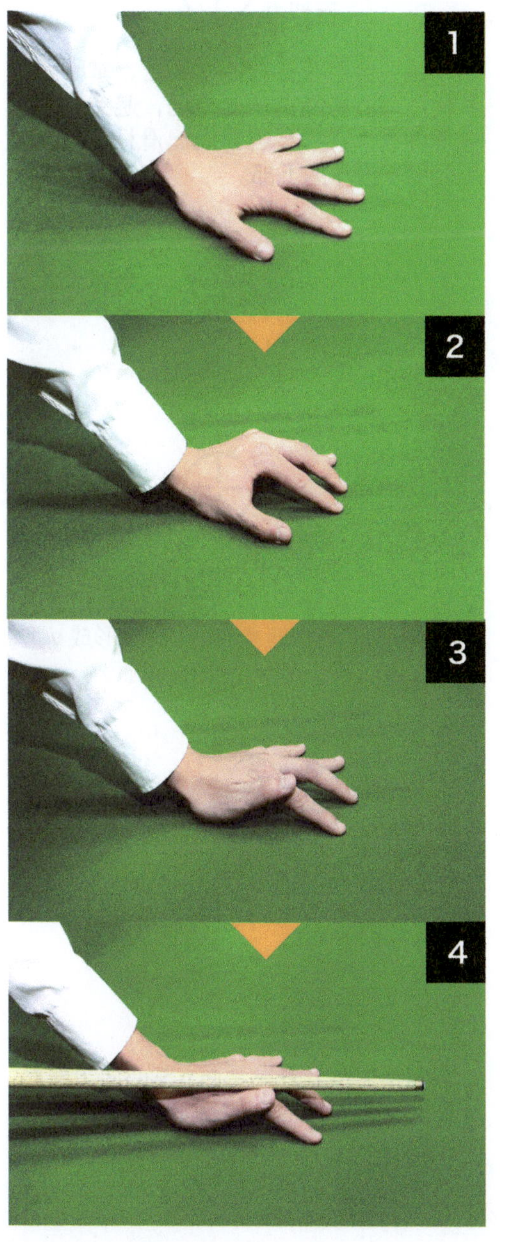

3.1 基本手架

将架杆手平放在台面上，五指尽量分开。

手背拱起，指肚及手掌仍然紧贴球台。

拇指翘起，紧贴食指根部，这时拇指与食指间会形成“V”型凹槽。

把球杆夹在“V”型凹槽里，前后拉动球杆，调整击球点和击球的力度。

低杆手架

将手全部张开放在桌面上，掌心不要隆起过高，拇指微微向上翘，避免球杆倾斜角度过大，这样容易引起滑杆。低杆手架适用于击球的下部。

中杆手架

将手全部张开放在桌面上，手指向上拱起，掌心稍隆起，四指尽可能地分开，贴在球台上，拇指紧靠在食指上，形成V型。中杆手架适用于击球的中部。

高杆手架

四指的指肚紧贴台面，掌心向上隆起，尽量使球杆平行台面。高杆击打的是主球的上部。

3.2 凤眼手架

食指以外的其他四指紧贴台面，而食指从上面环住球杆，形成一个封闭的环，这时摩擦力较大，不适宜大力击打白球。

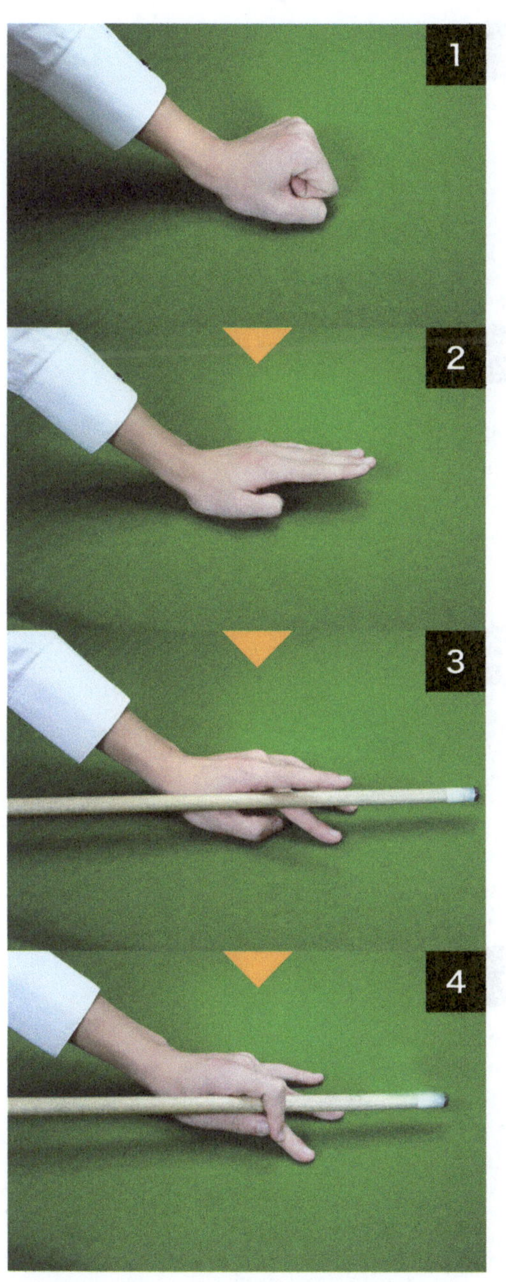

将手自然地放在台面上。

将大拇手指弯曲贴在台面上，其余四指抬起，离开台面。

将食指抬起，大拇指不动，其余三指张开按在台面上，食指与中指形成“V”字型。

把球杆夹在“V”型凹槽里，前后拉动球杆，调整击球点和击球的力度。

3.3 库边手架

将整只手贴在库边上，拇指向内弯曲，食指将球杆扣在库边上。这就是常说的库边手架。

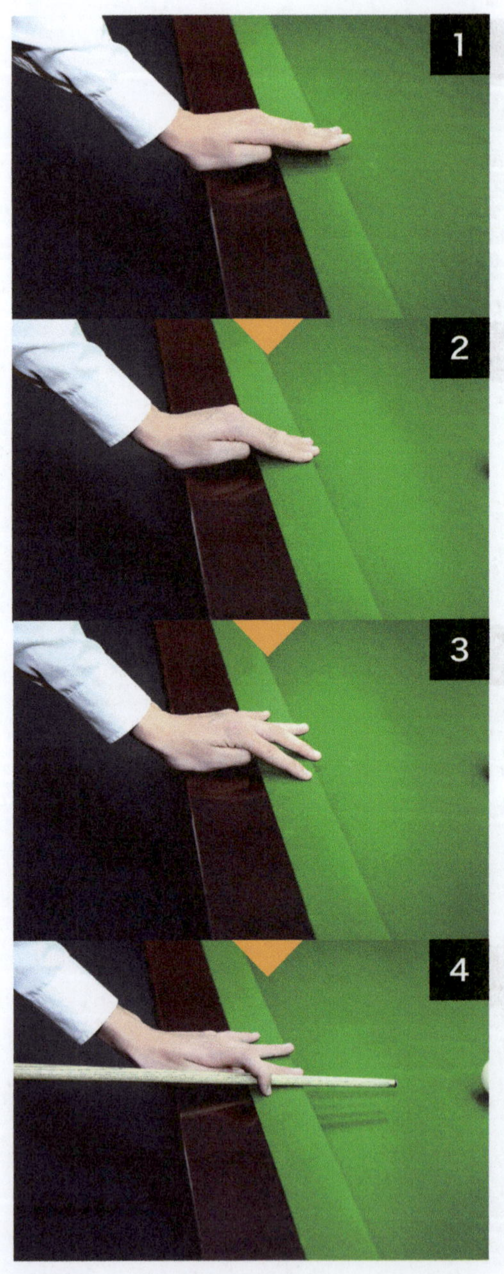

拇指向掌心弯曲，其他四指伸直向上微抬起。

拇指不动，其他四指向下弯曲，贴到库边上。

手贴于库上将四指分开，大拇指不变。

将食指抬起，把球杆夹在食指下方，前后拉动球杆，调整击球点和击球的力度。

库边手架 1

▼ 正面

击打这种球时，使拇指、中指、无名指、小指贴近台面，食指环扣球杆，这种手架称为库边的凤眼手架，常被用来击打与库边有一定距离的球。

▼ 侧面

将食指抬起，把球杆夹在食指下方，前后拉动球杆，调整击球点和击球的力度。

库边手架 2

▼ 正面

手掌张开，仅四指指肚接触台面，这时需要极好的稳定性，初学者常会因为手架不稳，而击打主球失误。

▼ 侧面

侧面可以看到，手掌悬于空中，只有手指与库边接触，这种手架适合击打紧贴库边的主球。

库边手架 3

正面

将五指分开放于库边上，拇指向里弯曲，将杆架于拇指与食指指尖，击打时，要注意手架的稳定性和击打的准确性。

侧面

侧面看出，手掌贴在库边上，手指稍微向上拱起，此时的手架和中杆手架相似，这种手架适合击打离库边有一定距离的球。

库边手架 4

正面

在沿着库边平行击打主球时会用到这个手架，小指、无名指紧贴库边，食指垂于台面。

侧面

侧面看，半个手掌在库上，半个手掌悬于库边，拇指向上翘，食指与中指放在桌面上，这样的手架适合击打紧贴库边的球。

3.4 袋口手架

袋口手架 1

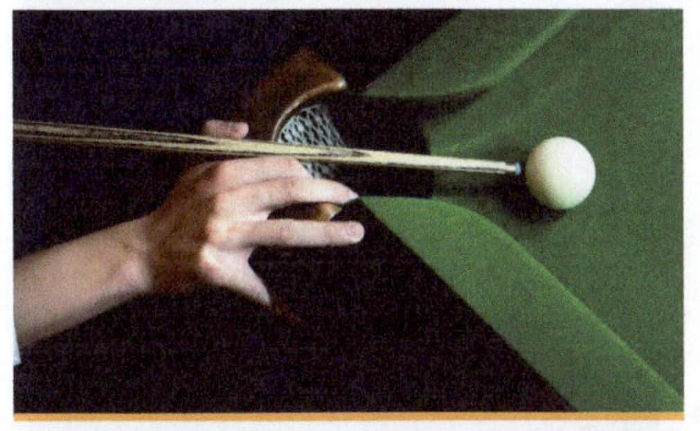

正面

袋口手架也是库边手架的一部分，如图，除了小指以外，其他四指均在袋口上。手紧扣住袋口。

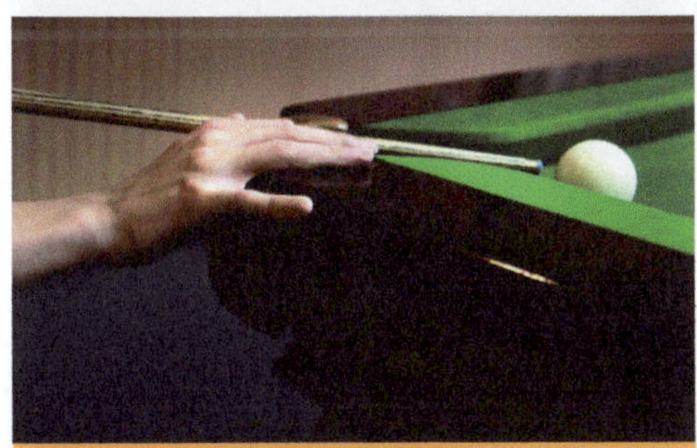

侧面

侧面看，整只手放于袋口上，这个角度看，是非常稳定的。

袋口手架 2

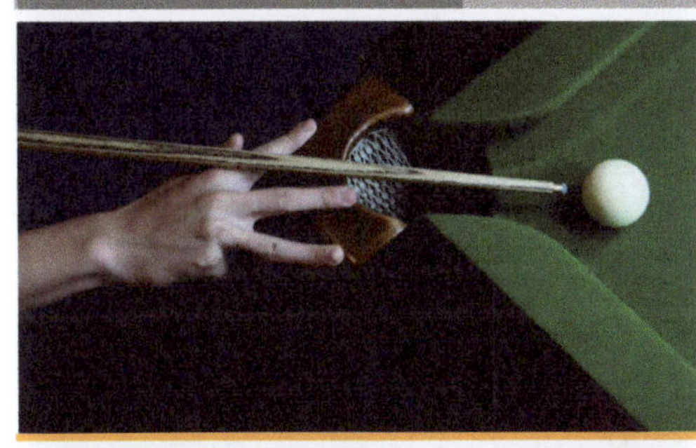

正面

手掌张开，仅用三个手指的指肚接触袋口边，这时需要极好的稳定性，初学者常会因为手架不稳，而击打白球失误。

侧面

侧面可以看到，手掌悬于空中，只有手指与库边接触，这种手架适合击打紧贴袋口边的白球。

3.5 障碍手架

顾名思义，障碍手架就是在要击打的白球后方存在障碍球而不能轻易击打到白球。这时候，就要使用障碍手架了。这种障碍手架需要很好的力量控制以及身体的稳定性。

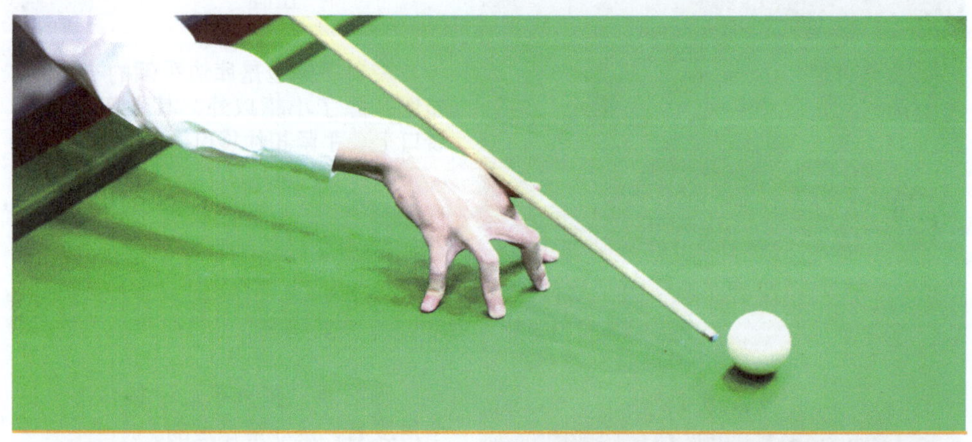

如图，将手抬高，四指弯曲向下，以指尖接触台面，四指尽量架得很高保持手的稳定性，将球杆架在拇指与食指上。这种手架的要点是手架的支撑要稳定，力量需要从肩部直灌入手指，保持手指、手腕、肘部和肩部的共同稳定。

几种手架的对比

	使用率	难度系数	稳定度
低杆手架	●●●●○	●●○○○	●●●●●
中杆手架	●●●○○	●●○○○	●●●●●
高杆手架	●●●○○	●●○○○	●●●●●
凤眼手架	●●●●○	●●○○○	●●●●●
库边手架	●●●○○	●●●○○	●●●○○
袋口手架	●●○○○	●●●●○	●●○○○
障碍手架	●●○○○	●●●●●	●○○○○

4. 主视眼的判断

学习主视眼的判断

在眼睛正前方竖起一根手指或竖立一根球杆或者用手做出如下图所示的动作，确定目标的位置后分次闭上左右眼。在闭左眼时，目标的位置不变，但换右眼时目标位置变了，说明主视眼是左眼。反之亦然。还有一种是闭眼后，左右眼的目标位置都没变，说明是双视眼，此种情况下在瞄球时脸应在球杆正中，而不是偏向主视眼。

每个人的主视眼是不同的，有的人是左视眼，有的人是右视眼，也有两眼主视的人。而瞄准球时尽量使主视眼与球杆的位置保持一致，在刚接触台球的时候，不必先确定主视眼再学习打球的姿势，我们可以先将球杆放在下巴的正中间位置，然后再去调整练习。当然这种方法并不适合每个人，读者要根据自己的视觉习惯来调整。

左视眼

在闭左眼时，目标的位置不变，但换右眼时目标位置变了，说明主视眼是右眼。

右视眼

在闭右眼时，目标的位置不变，但换左眼时目标位置变了，说明主视眼是左眼。

双视眼

闭眼后，左右眼的目标位置都没变，说明是双视眼。

5. 运杆的方法

了解如何运杆
学习运杆的方法
明白如何找准击球点

① 预备

运杆时，大臂带动小臂前后运动，分解为高点与低点。

② 半拉杆

将球杆向后拉一半，控制好拉杆的节奏，使球杆离开球，在10~15cm，以便出杆时更好地控制力度，运杆的次数与节奏根据个人的习惯而定。

③ 拉完

将球杆全部拉完，拉杆的整个过程，持杆手的大臂与球杆始终保持平行，小臂不要左右晃动，以免错位。

在运杆的时候，我们要尽量保持运杆的流畅，幅度不要过大，速度要均匀，不能过快，也不能太慢。在有一个非常好的运杆之后，在出杆的时候，一定要平稳，不要有太大的动作。最后在出杆击打白球的时候，球杆不要太靠前。如果太靠前，我们的动作就会变形。所以击打完球之后，我们的动作就要适可而止。

4 半出杆

运杆的次数没有绝对的要求，但应该尽量保证运杆次数相同或基本相同。半出杆时，注意力量的控制，幅度不要过大，速度要均匀，不要过快或过慢。

5 出完

最后一次运杆的时候，当杆头接近白球时，应该略停顿一下，目的是最终确认击打点。在向后拉完的时候也应当停顿一下，目的是控制出杆的力量。

6 击打

最后出杆，完成击打，而出杆的速度是指杆头接触白球时瞬间的速度，这速度是要根据情况来调整的。

6. 架杆的方法

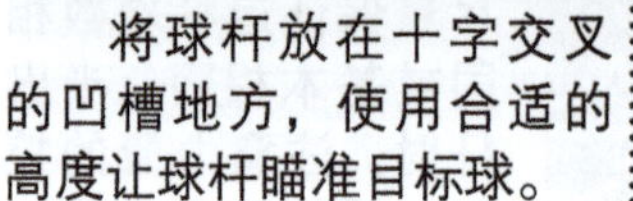

将球杆放在十字交叉的凹槽地方，使用合适的高度让球杆瞄准目标球。

正确使用架杆的姿势如下。左手扶于架杆，架杆贴于桌面，食指位于架杆上方，拇指弯曲紧扣架杆，中指贴于架杆左侧，无名指与小指张开，轻放于桌面，这样能确保架杆的稳定性。

使用架杆击球时，所采用的握杆方法和正常握杆的方法是不同的。一般是用拇指、食指与中指将球杆握紧，虎口贴近杆尾，不要留有空隙，运杆的时候注意不要上下晃动，以免影响击球的准确度。

▼ 击打前

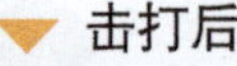

▼ 击打后

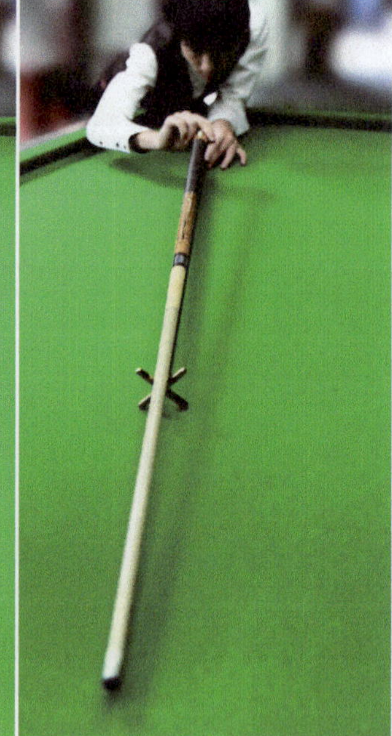

击打前，眼睛目视前方瞄准白球，这时可以清楚地看到球杆与架杆都是在一条直线上的。

出杆，注意力量的控制，出杆时只有击球的手在动，出杆后其余姿势保持不变。

右脚踩线，身体向前向右倾，身体有被右脚带上去的感觉，并且把你的左手和右手放在击球线的地方（这个地方有个细节：不用把手、杆死死地放在击球线上，大致放在这个地方就可以，主要要求是放松）。

正面

左手拇指、食指与中指紧握架杆尾端，无名指与小指张开轻放在桌面上，右手拇指与食指紧握球杆端尾，无名指与小指同时向里弯曲。眼睛目视前方，视线与球杆呈一条直线。

右侧

我们可以清晰看到握杆手弯曲成90°，手肘悬空，不要靠在桌上。如果那样的话，手就不能灵活击打球了。右腿笔直，身体向左倾斜，把重心放在左侧，让右手可以更灵活地击打。

左侧

使用架杆击球时，左手弯曲成90°，但与右手不同的是，小臂放于桌面上，左手握住架杆，左腿向前弯曲。当然，身体可根据当时的情况来调整。

背面

从背面可以清楚地看出，左脚与右脚之间有一步的距离。左手胳膊垂直于地面，右腿绷直，左腿向前弯曲，身体向前倾，有被带动的感觉。这样反复练习的标准姿势对击打球是有很大帮助的。

疑问解答

1 **打球时标准动作很重要吗?**

答：初学者最好学习标准的击球姿势，这对于以后的发展很重要。很多人达到一定水平之后，发现技术无法再提高，寻找原因，可能就是最初的基本功没有练好。到那时再来规范动作就得不偿失了。

2 **先俯身再瞄准还是先瞄准再俯身?**

答：先思考后行动，先看好进球角度，判断母球行进线路，分析出击时的力度和杆法，在想好之后再俯身下去，寻找合适的位置瞄准。

关于标准动作的关键点有哪些?

3 答：一、选择合适的站位距离站位；二、支撑腿、球杆、目标球在同一平面；三、选择适当距离支撑手架；四、头部在球杆正上方，手掌握杆力度适中，后手双向垂直地面，平稳自然地匀速运杆出击即可。

前臂是绷直还是弯曲的?

4 答：前臂必须弯曲，前臂弯曲才能使得我们整个前臂都紧贴台面，这样有助于手架稳定。

手架离目标球多远合适？握杆手姿势怎样的?

5 答：手架离目标球的距离一般保持在 30cm；握杆时应尽量放松，把球杆包住，力道达到能够承托住球杆的重量就好。

打球时球的正确位置应该是什么样的?

6 答：正常讲头要在球杆正上方，球杆位于两眼之间，尽量紧贴下巴。利用三点一线的原理去瞄准。

⑦ 为了出杆顺畅，球杆要紧贴胸吗?

答：贴胸出杆或不贴胸出杆只是使用习惯，个人贴胸时出杆更顺畅便贴胸出，如果贴胸反而出杆困难便不贴，不要本末倒置。

⑧ 怎么运杆?

答：运杆尽量使球杆保持流畅，速度不能过快也不能过慢，要均匀，幅度也不宜过大，最后出杆要使拉杆尽量水平，不要上下摆动；送杆不要过前，过前会导致动作变形，自然就行。

⑨ 怎样使用架杆呢？

答：根据持杆手选择合适的站位，持杆手保持在下颌的正下方，手肘不要抬得过高，架杆尽量与球杆重合，握杆时用拇指、食指、中指将杆握稳，虎口不要有空隙，运杆时球杆尽量不要上下晃动，在使用高架时，尽量不要打旋转球。

⑩ 我用架杆为什么打不出想要的效果?

答：使用架杆时发力和瞄准都会困难很多，这就需要多加练习来适应架杆。

第4章 台球基本技术

只有正确学习和掌握技术动作，才能保证稳定准确的击球技术。

1. 击球技巧

了解击球点
学习力量的训练
明白如何瞄准的方法

1.1 白球上的击球点

白球从任何方向看都是个圆形，也就是说无论从哪个角度击球，它都是个圆形。以圆心划分，有上、中、下、左、右、左上、左下、右上、右下，这些部分。

在实际操作过程中，击打白球的任何点都会使白球产生运动旋转，白球在运动时，也会受到摩擦产生旋转。击打白球中心位置会使白球向上旋转，击打中心以外的点，越是靠近边缘，白球旋转越是强烈。到最边缘处，甚至会造成滑杆。所以在击球的时候要注意击球点。

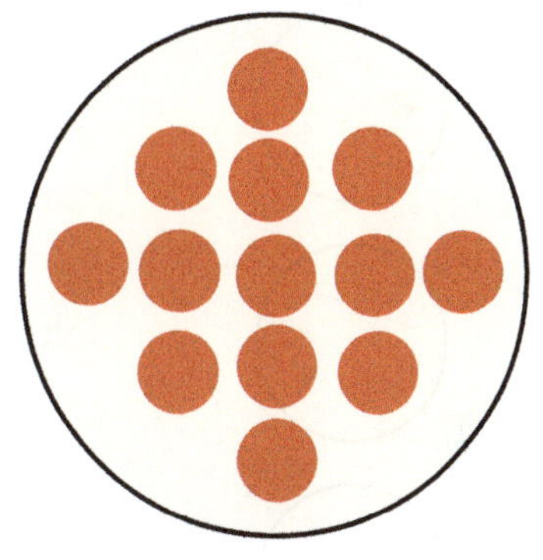

有一定实力的爱好者，可以掌握 20~30 个击球点在职业球手的眼中，他们的击球点有无数个。

如右图所示，击球点在这些位置很危险。由于白球表面圆滑而杆头也是圆形，在这些点击球很容易使杆头从白球表面划过，产生滑球、击空等现象。

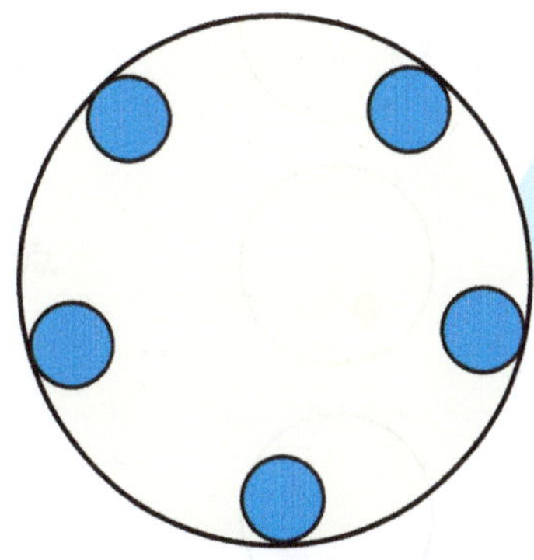

白球上最基本的 9 个击球点

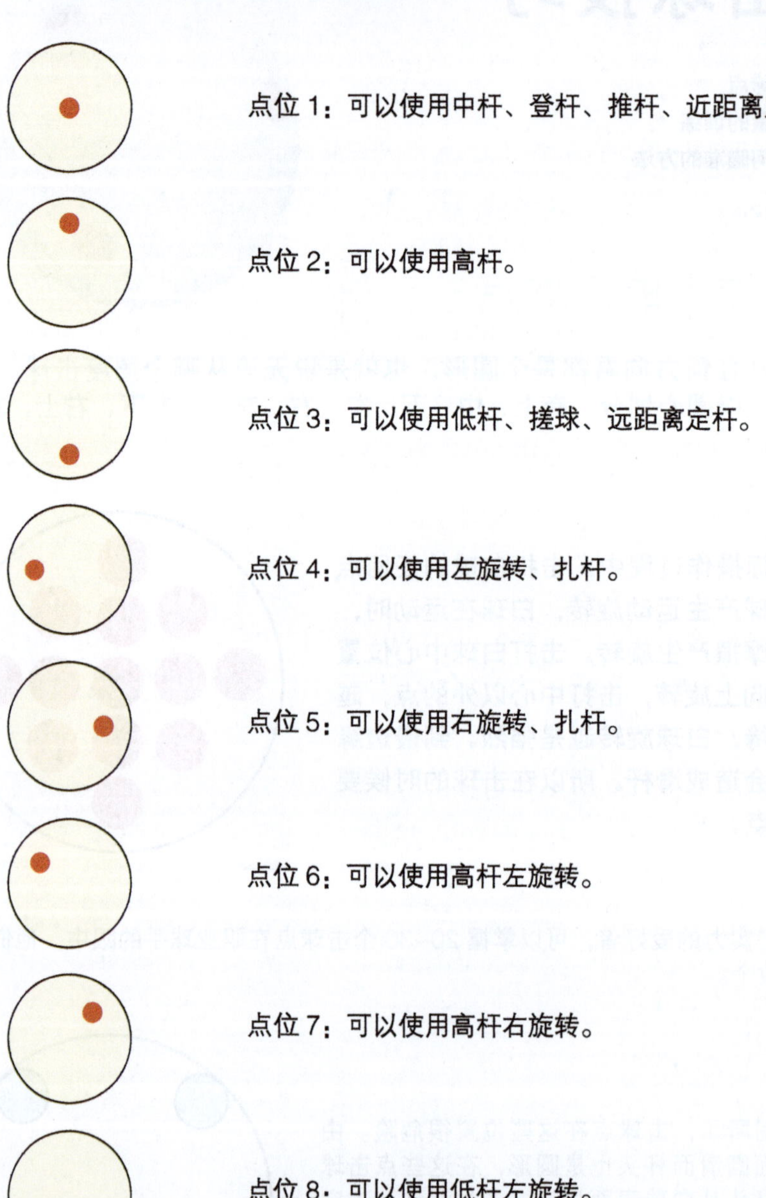

点位 1：可以使用中杆、登杆、推杆、近距离定杆。

点位 2：可以使用高杆。

点位 3：可以使用低杆、搓球、远距离定杆。

点位 4：可以使用左旋转、扎杆。

点位 5：可以使用右旋转、扎杆。

点位 6：可以使用高杆左旋转。

点位 7：可以使用高杆右旋转。

点位 8：可以使用低杆左旋转。

点位 9：可以使用低杆右旋转。

1.2 击球力量的训练

击球者必须掌握好击球力量，否则不可能全面提高击球技巧。只有能熟练控制自己的力量，在击球的时候才能更能准确地击打目标球至自己想要的位置，从而体会到台球运动的特殊魅力。击球力量的训练并不是只使用蛮力，而是要在训练的过程中掌握有度地使用自己力量的方法，而且光用蛮力，会显得很粗野，不像打台球的，而且打出去的球既无旋转力也无速度，还不能达到理想球位。

正面视角

从正面看，在右侧呈直线放置 6 颗球作为参照物，在左侧放置一颗蓝球（即目标球）与白球，使用白球击打蓝球。

① 一击球

预备姿势使用低杆击打目标球。目标球撞击蓝球。

② 二击球

撞击蓝球后白球返回的位置与第二颗红球平行即为成功，可进行下一步，否则还要继续这一步。

③ 三击球

再次击打蓝球，白球拉回来后停与第三颗红球平行的位置，若是失败请重来。

④ 四击球

按正常的步骤做好准备工作。击打白球，这时与目标球蓝球越来越近，需要调整力度。使白球停在与第四颗球平行的位置。击打白球的击打点不变，若是失败请重来。

⑤ 五击球

随着不断击打，白球离边库更远了，注意调整姿势的同时力度也需要调整。击打白球的击打点不变。击打白球下四分之一处。

⑥ 六击球

最后击打白球撞击蓝球，使白球回到第六颗球的位置。经过这样的击球力量的训练，可以更好地控制击球。

1.3 瞄准方法

瞄准球是台球基本功中最重要的一项训练。瞄准法是指在台球中围绕着使目标球落袋这一目的而进行的一切瞄准工作，这是每位台球手在击球前必须做的。要想一杆连续打很多球，就必须练好这项基本功。在实践中不断揣摩，就会提高准度。

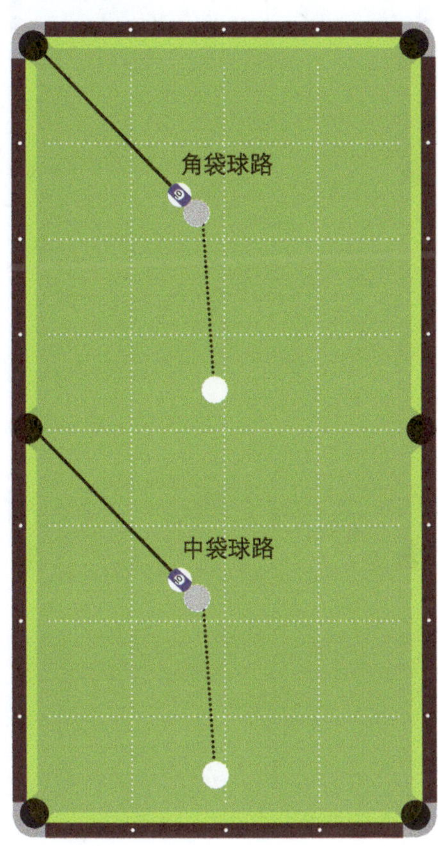

目标球线路的选定

台球的瞄准方法，源于力的直线传递原理。挑选一个在袋口附近路线与角度最合适、最容易进袋的目标球，通过目标球中心，虚拟一条直线，在没有什么可以影响目标球顺利进袋的情况下，通过母球撞击目标球，使目标球被撞击后沿着直线进入球袋，那么这条直线就是目标球进袋的路线。

目标球击球点的确定

目标球的路线与目标球表面的交点，就是要确定的击球点。根据力的直线传递原理，若想把目标球打进球袋，必须根据目标球的进袋路线，确定白球撞击目标球的击球点位置，确保白球撞击这个击球点，并向其传递一个沿线路方向的动力。

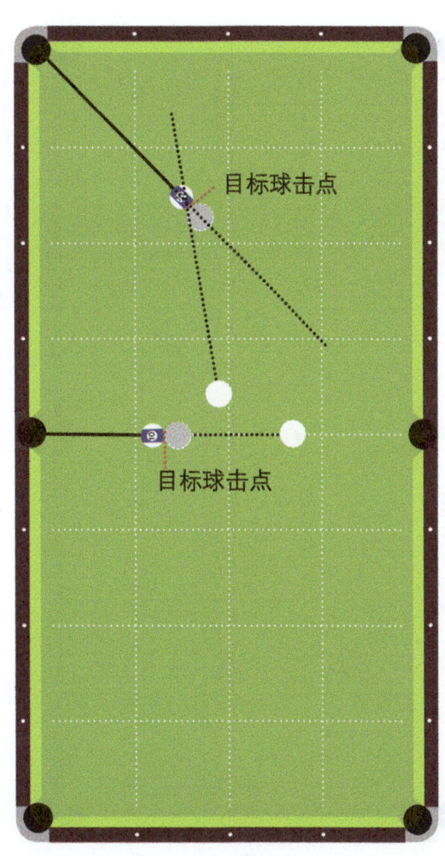

瞄准点的确定

从目标球的击球点，再沿直线向后量出一段与球半径相等的长度，这就是瞄准点，击球前可以先用球杆在目标球的击球点上瞄一下，以便在心中留下一个清晰的目标球击球点的印象。

白球的位置在目标球线路延长线左右两侧的 90° 范围内，只要瞄准点不变，都可以将目标球击入球袋。

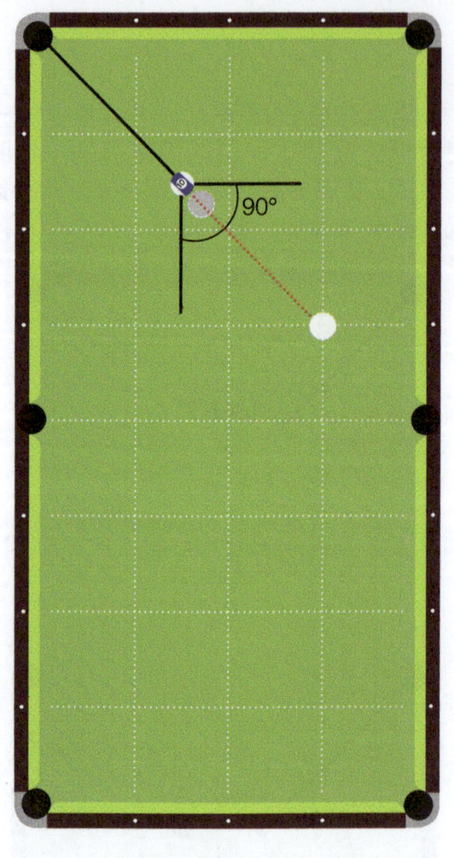

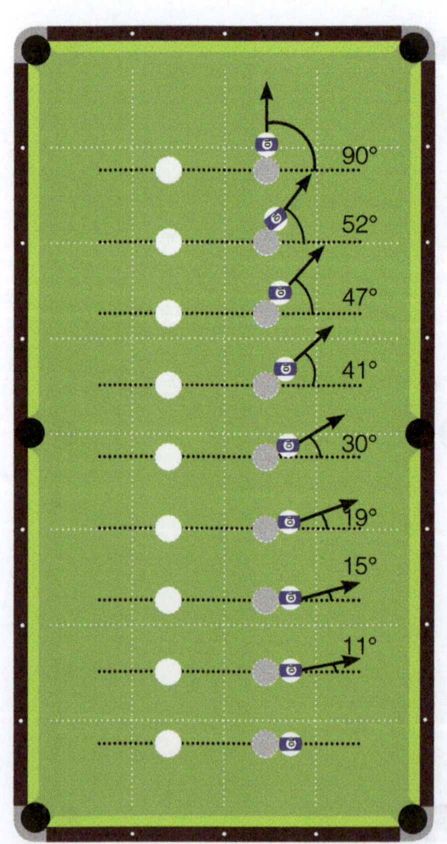

撞击目标球

准备击目标球时，先在白球与目标球之间瞄视，确定下球点的大概位置，当袋口中心点与目标球中心点和白球中心点连成一条直线时，叫直线球，不过在实战中很少遇到这种球。当三点不在一条直线上时，就出现了各种角度的偏角球，当白球和目标球薄薄相擦的时候分离角为 90°，变化范围应在 90° 以内，接近或者超过 90° 时，不容易击球落袋。

1.4 球的运动方向

在推算运动方向前，台球的三个基本击球点路线要熟知，首先是中杆，母球撞击目标球后，两者的分离角是90°；然后是高杆，比中杆的分离角要小，接近目标球行进路线；最后是低杆，低杆分离角比中杆要大，靠近来时路线。但击球时的力度也影响着分离角的大小，越是大力击球，撞击后白球的运动线路越接近中杆的线路。

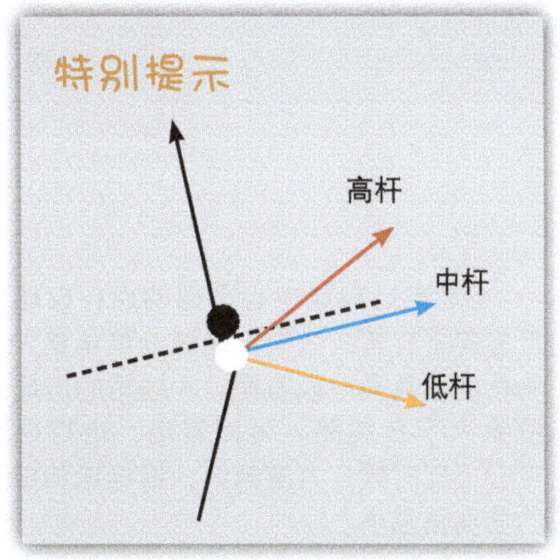

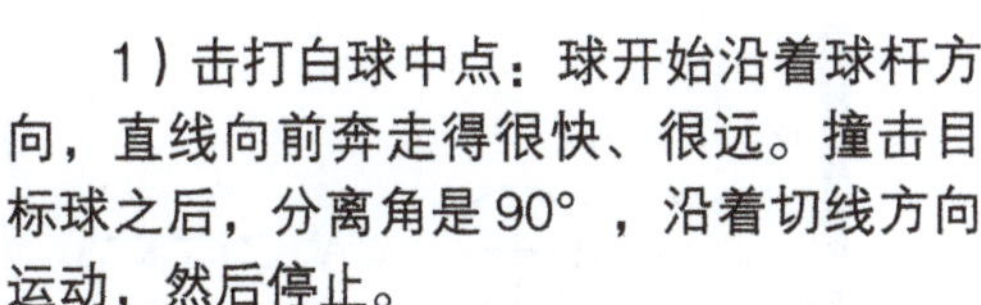

1）击打白球中点：球开始沿着球杆方向，直线向前奔走得很快、很远。撞击目标球之后，分离角是 90°，沿着切线方向运动，然后停止。

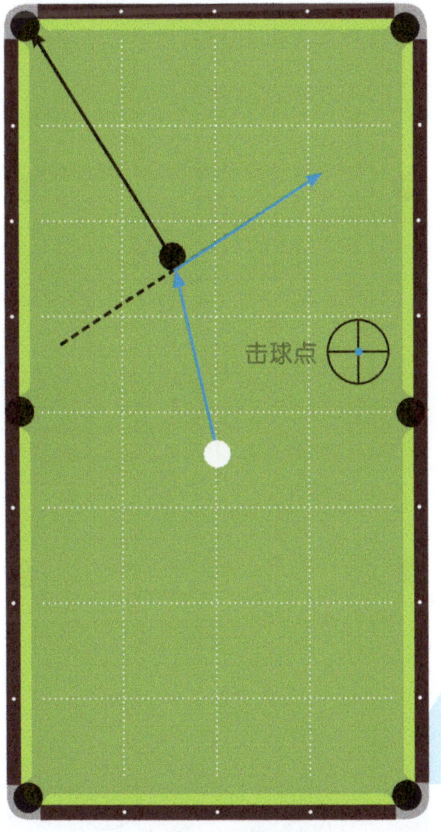

2）击打白球中心上部的点：白球会产生向上旋转的效果，这时分离角要小于中杆的分离角。如左图，B 线路的击球力度要大于 A 线路。可以看出，击打白球中心上部时候，力度越大，目标球和白球的分离角越大。

3）击打白球中心下部的点：白球会产生向下旋转的效果，这时分离角要大于中杆的分离角。如右图，A 线路的击球力度要大于 B 线路。可以看出，击打白球中心下部时候，力度越大，目标球和白球的分离角越小。

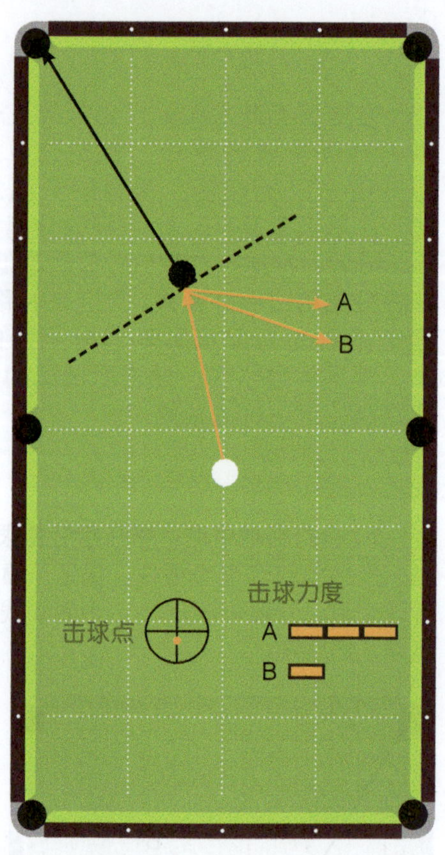

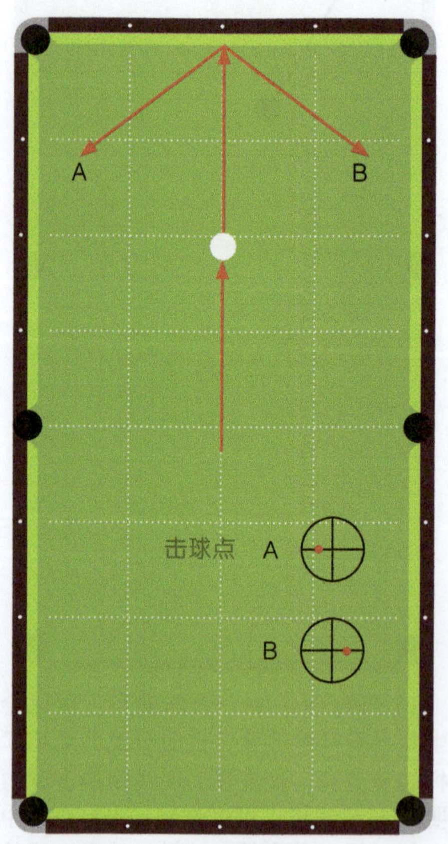

4）击打白球左中或右中击点：这是一种侧旋转的打法（又叫偏杆击球）。技术难度较大，但又是必须学会练好的技术，还要知道在何时使用。当遇到需要改变白球吃库后前进路线的时候，便能明了侧旋球的特殊作用，这在后文中的旋转球会详细讲解。

2. 基本杆法

了解杆法知识
学习各种杆法的打法
明白如何使用不同杆法

2.1 高杆

高杆是新手必学的基础杆法之一。击球点在白球圆心的正上方一个多杆头到球边的区域。击球后，白球跟着目标球继续滚动，滚动距离视击球点和力度决定。

案例 1

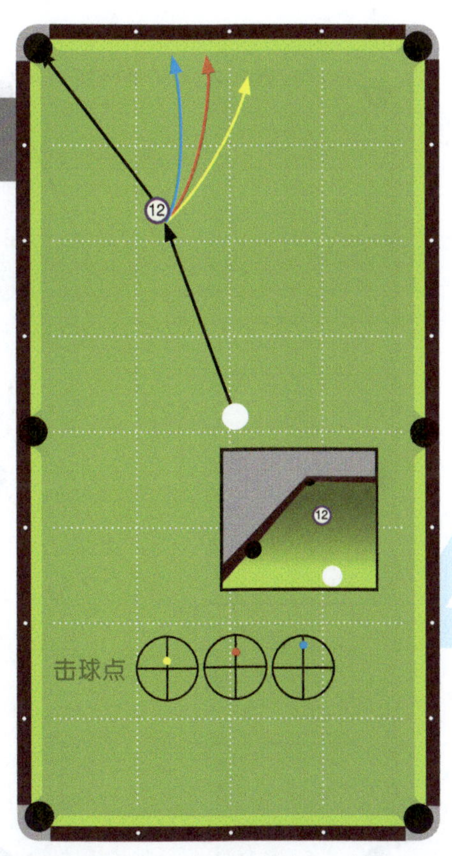

白球不同的击球点，撞击目标球后的线路

如图所示，黄色线路、红色线路和蓝色线路中，白球的击球点依次向上靠。通过比较可以发现，击球点越靠上，白球撞击目标球后线路的分离角越小，击球点越靠近球心，则分离角越大。这个规律的前提是击球时使用中等力度，利用这个规律，可以把白球校到需要的位置。

案例 2

高杆击球，白球跟进

白球与目标球距中袋较近且是直线。用高杆击球，白球能在击目标球后跟在后面继续走一段距离。但击球点和力度需要斟酌，不然白球有落袋的危险。

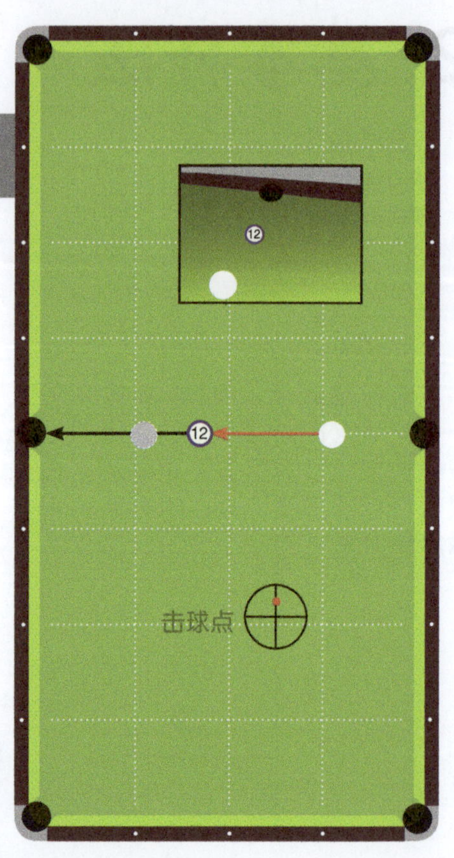

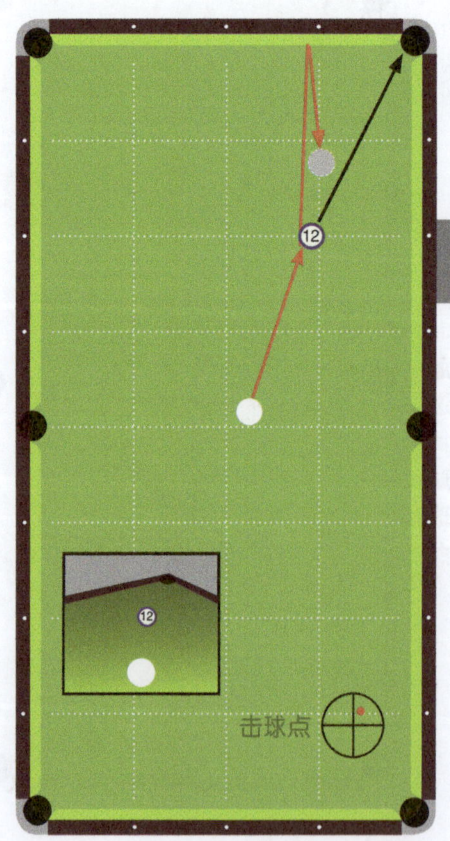

案例 3

目标球落底袋，白球击库反弹

此时使用高杆，形成上旋，白球和目标球之间的夹角小于 90 度，加了右旋转，白球停止在比纯高杆更靠右一点的位置。

2.2 中杆

基本上所有人最先学会的就是中杆。

中杆的击球点就是圆心，不能有左右偏移，也不要有上下偏移。中杆的打法中规中矩，是最好预测路线的杆法。

案例 1

中杆击球的效果

在右图中，中杆击球后，白球撞击目标球后沿 90 度分离角反弹出去。

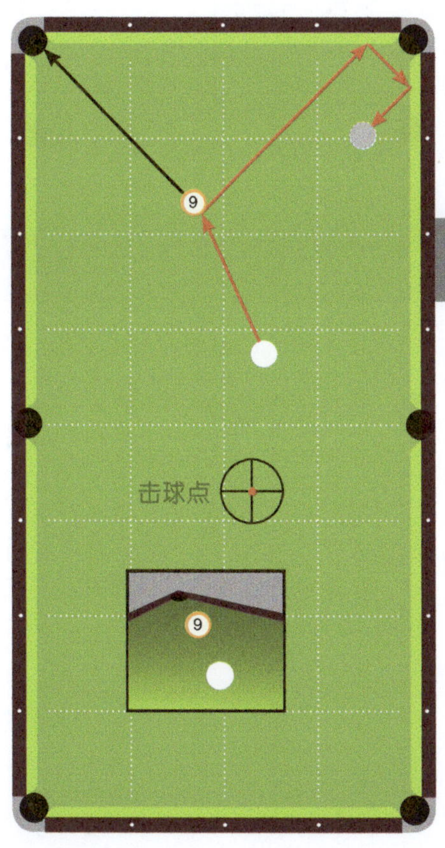

案例 2

中杆击球

如左图示，白球与目标球、底袋不成一条直线，中杆击球时，随着击球力度的不同，白球也会有些许变化。

中杆稍大力击打白球，撞击目标球的右侧，使目标球进袋，白球改变线路向右运动，撞击库边。

案例 3

中杆左旋转击球

右图中中杆击打白球带动目标球入库。而白球也在击库后激发了旋转的特性，路线有了明显的变化，会比没加旋转时，反弹的线路更偏左一些。

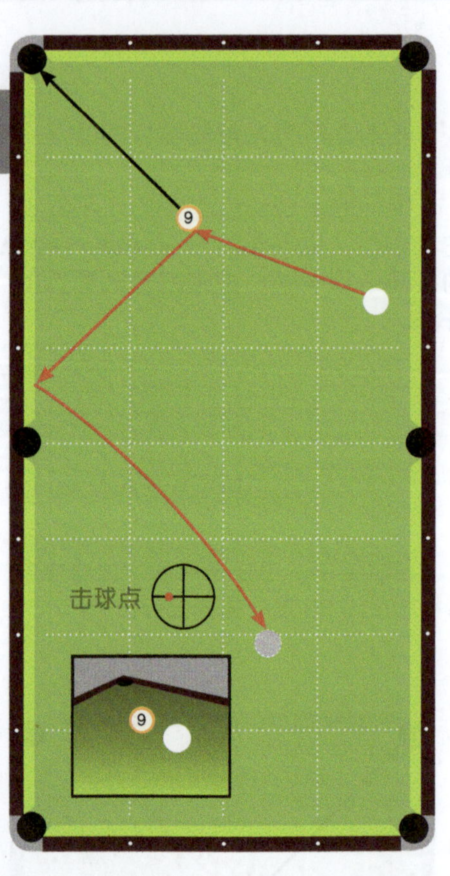

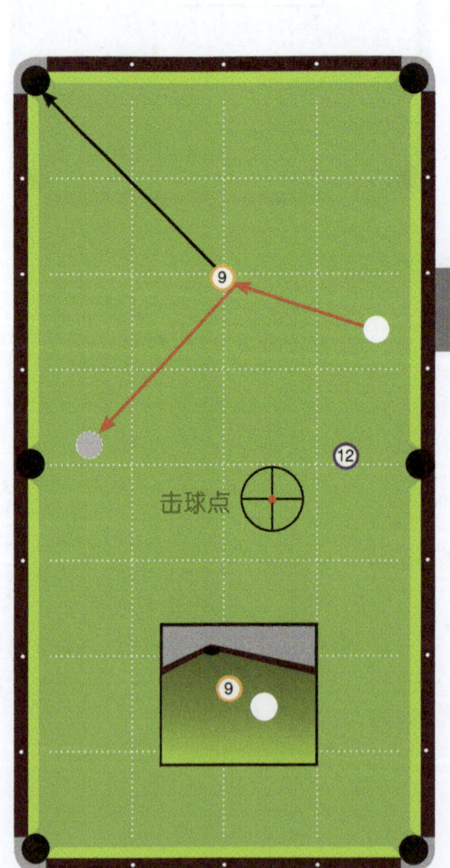

案例 4

中杆击球校球

如左图示，白球击打目标球后，目标球入袋，白球沿 90 度分离角方向运动，在靠中袋位置停下，此时刚好可以校到 12 号球。

2.3 低杆

低杆是大众使用率很高的杆法，击球点在白球圆心的正下方一个多杆头到球边的区域。

案例 1

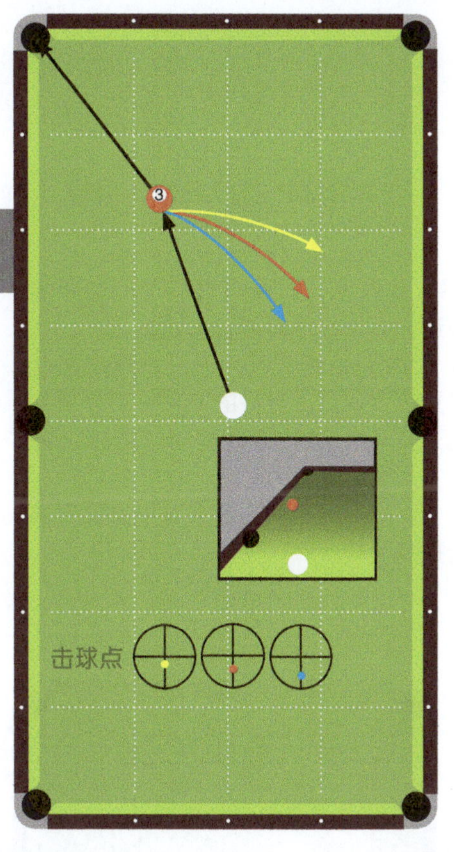

白球不同的击球点，撞击目标球后的线路

如右图所示，黄色线路、红色线路和蓝色线路中，白球的击球点依次向下移动。通过比较可以发现，击球点越靠下，白球撞击后线路的分离角越大，击球点越靠近球心，则分离角越小。这个规律的前提是击球时使用中等力度，利用这个规律，可以把白球校到需要的位置。

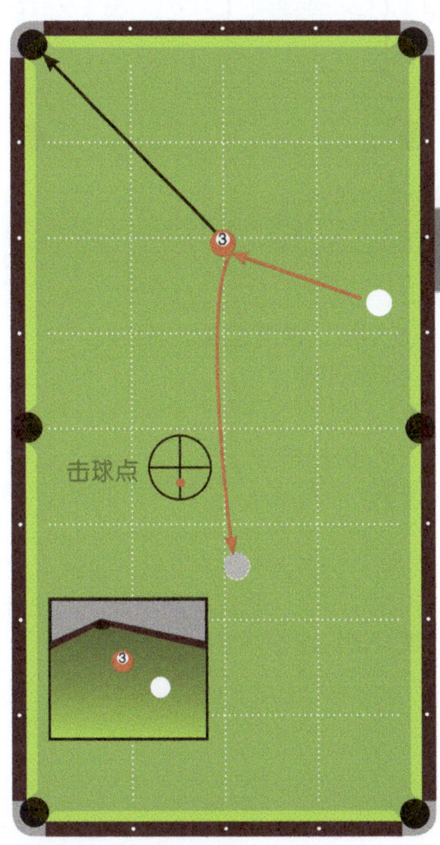

案例 2

低杆击球

如左图示，白球与目标球、底袋不再呈一条直线，低杆击打白球，形成下旋球，撞击目标球进袋，白球弧线绕到斜后方。

案例 3

使用低杆击打白球，目标球落底袋

如右图，白球与目标球间的距离很远，而目标球离袋口则比较近。

由于距离较远，击打白球的点就要更靠下一点，出杆的速度一定要快，用来克服白球长距离运动过程中台呢对它产生的摩擦力。

而把白球定在击球点可以方便下次击打 6 号球。

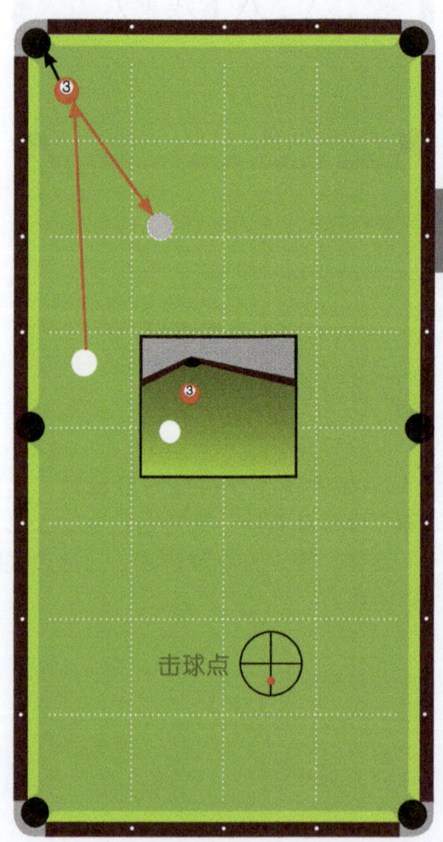

案例 4

目标球落底袋，白球小角度返回

击打白球下方，白球撞击目标球进袋，向后运动，形成明显的拉杆效果。

在实际战术运用中，要灵活地使用拉杆杆法，形成有利于自己的球势，连续击打连续得分。

第5章 基本技术及练习

初学者开始练习时，技术上应从易到难。对每一个基础动作都要认真练习，不能忽视，才能为以后运用击球技巧提高台球水平打下坚实基础。

1. 开球方法

了解开球的规则
学习开球的方法
找寻最合适的开局

1.1 八球开球方法

球台底边至开球线之间为开球区。开球线为台长的 1/4，平行于底边的一条线。

1. 白球的中心点需在开球线以后。
2. 摆放白球时，不可用杆头触碰白球。

   可以将白球击向任何方向。
3. 前脚往后移半脚。击中白球的时候重心在前脚上。
4. 握杆手稍微往后，手架和白球距离稍微增加一些。
5. 可以凤眼或者把球杆扣在台边上。
6. 两脚站位比肩略宽，前腿伸直，前脚尽量和球杆方向平行，这样比较容易把握重心。
7. 身体比手臂先动作。

八球开球前

球堆摆放方法，将球框放在球台四分之一处顶头，以一单一彩的方法码放台球。要注意把黑八放在球型的正中间位置，最后一排两角是不同花色的球。

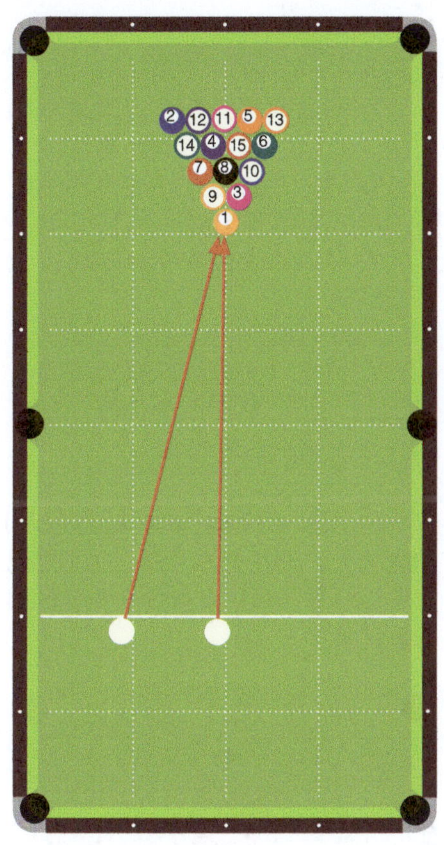

不同角度开球的撞击位置

开球的时候可以根据个人的习惯来选择正面开球或者是侧面开球。正面开球和侧面开球的瞄准位置是不一样的。从正面角度看，瞄准的位置是第一颗球的中间位置，从顶视角度看侧面开球路线，是瞄第一颗球的侧面一点。

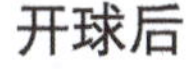

开球后

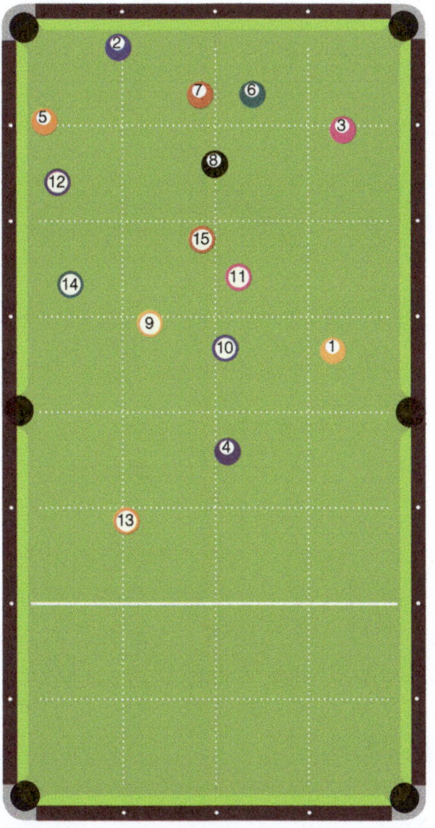

开球时，用冲杆更容易击球。

白球要大力击打，以便把球堆冲散。在多次击库后球台上的球更容易进袋。

至少有一个彩球入袋或四个彩球撞岸。否则为非有效开球。

1.2 斯诺克开球方法

在国际上，大多数人都喜欢四库开球法。就是说，白球薄球，在撞击红球堆后，吃四库回到开球区。

在开球这局，几乎没有进球的可能，这时对自己有利的做法就是做障碍球。击打白球撞击角落的红球只会击散几个红球，整体球堆不变。然后白球吃库绕回开球区，做成障碍球。

击球时要知道，使用过低的杆时，白球击打角落红球很大可能会进顶袋。所以要使用中低杆击球，避免这种情况的发生。

如左图，白球放在4分球（棕色球）的右侧，这只是个人习惯，并不是规定要这样放。白球可以放在开球区的任意位置。

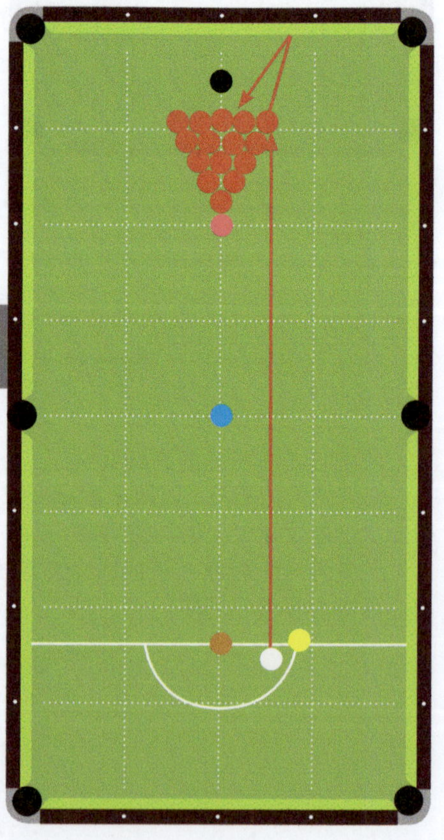

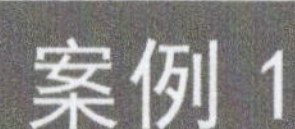

一库开球 

一库开球，白球在开球区瞄准最后一排的红球，击打后白球弹入红球堆，这样子只有粉球（6分）方向少数红球散出，白球也被包住，但对手如果能击入第一颗红球，那么后面的球路就开阔了。

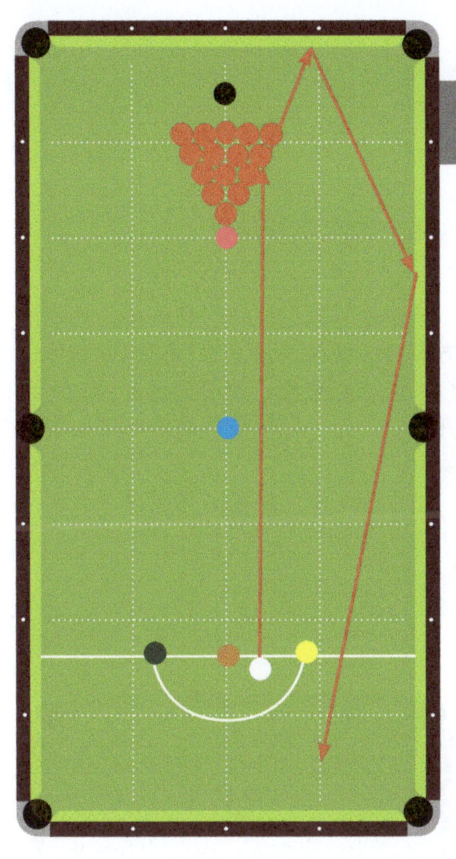

案例 2

三库开球

第二种开球方法同第一种相似，但难度偏大。这次瞄的不是顶袋的第一个球，而是瞄顶袋第二排第一颗球，白球的角度和力度掌握不好会有进袋或撞到蓝球（5 分）的危险。不过白球比第一种开球要更靠近开球区，击库反弹后，已经进入开球区了。

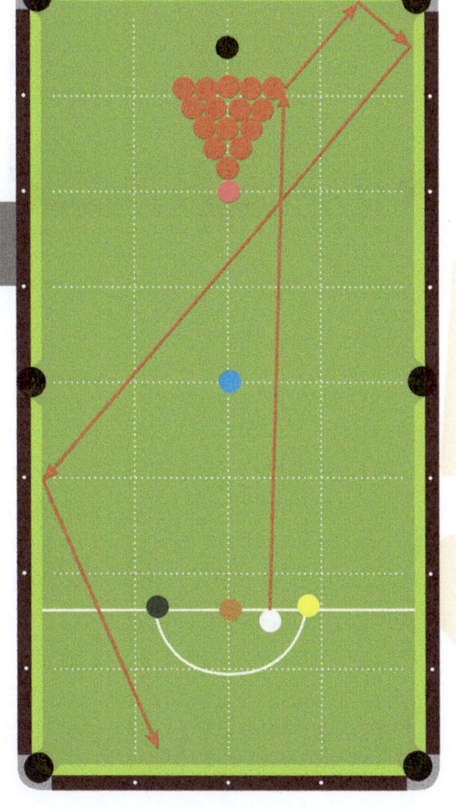

案例 3

四库开球 

三库开球与四库开球的方法相同，四库开球是最常用的开球方法。开球是撞击目标球的薄球，使用低杆击打白球，使白球撞到顶库第一颗红球后向上偏转，再反弹至另一库边，吃库后再次反弹穿过 5 分球与 6 分球的中间，再一次吃库回到开球区。

1.3 九球开球方法

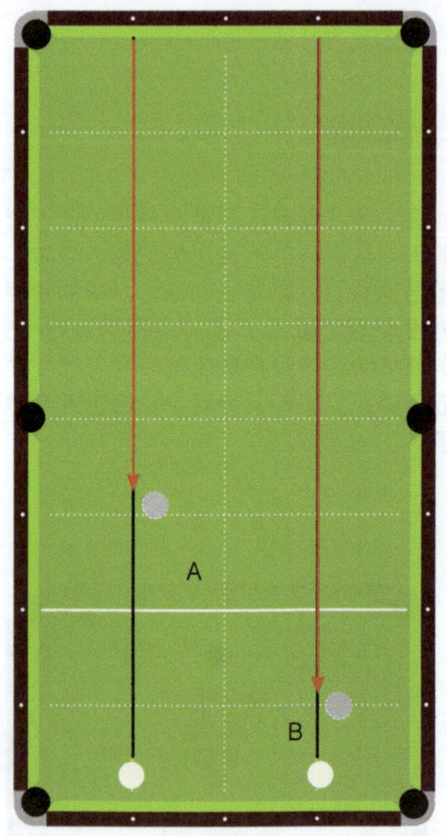

第一局决定开球权

开球权得通过比球进行取得，参赛的双方各持一颗球，从发球线后同时向底边击打，反弹回来后，离顶边最近的一方取得开球权。每一局的获胜者取得下一局的开球权。

如左图所示，B 获得开球权。

开球前 

开球时，将白球放在开球区内的任何一点，使用球杆大力击打白球撞击 1 号球，将球堆炸开，使白球撞击 1 号 球，开球后要有 4 颗球（或 4 颗以上的球）碰到库边才算有效。

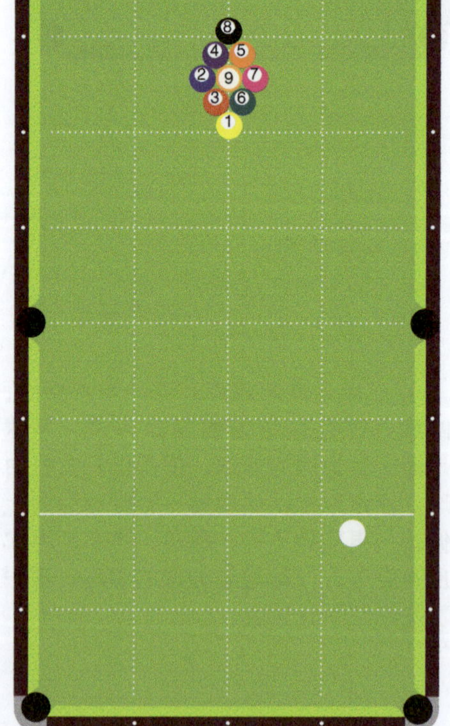

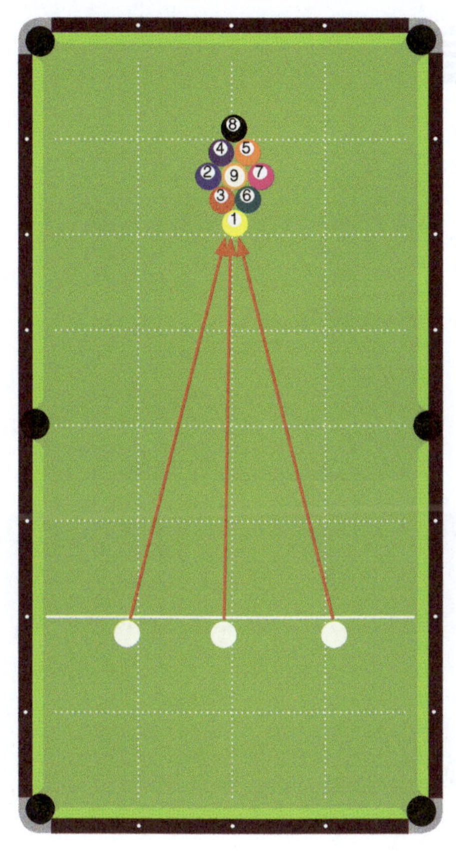

不同角度开球的撞击位置

开球的时候可以根据个人的习惯来选择正面开球或者是侧面开球。正面开球和侧面开球的瞄准位置是不一样的。从正面角度看，瞄准的位置是第一颗球的中间位置，从顶视角度看侧面开球路线，是瞄第一颗球的侧面一点。

开球后

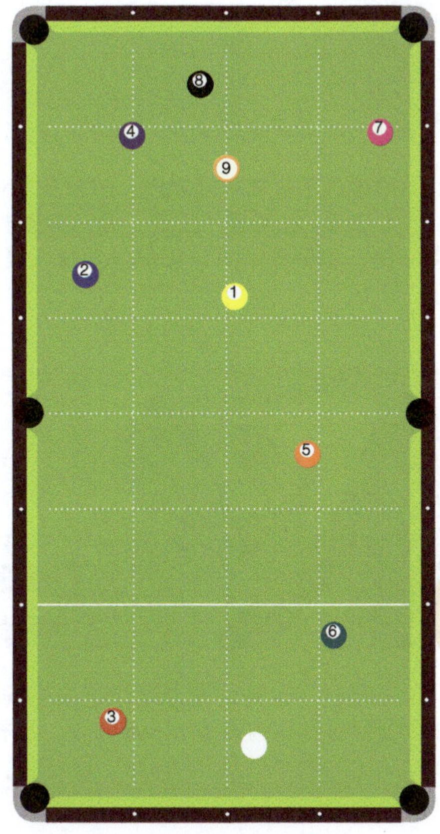

开球后，如果白球的位置不理想，那么开球的第一杆就可以使用推杆击打一下白球（推杆前要向裁判声明一下），可以碰到球也可不碰到球，也可以不撞到库边。推杆后，对手有权选择击打或者不击打。然后从 1 号球开始打，按照顺序依次打到 9 号球。

在九球中，除了第一杆可以推杆，在之后的击球过程中就不可以有类似的事情发生了。在击打时的每杆球除非进袋，不然的话就要碰库边，这样的球才算有效。

2. 提高击球准度

2.1 确认白球击打点

白球上的击打点有很多，在击打的时候，要根据情况不同来选择白球的击打点。

准度并不是单一的问题，瞄准和出杆相结合才可以。

1. 瞄准：是需要“三点一线”的瞄准程度、分离角的计算以及球感相结合的。“三点一线”和分离角的计算都是要靠反复训练的。因为台球的所有训练的目的，是为了“记忆”。

2. 出杆：出杆的发力动作是由手腕抖动和手臂抽动组合而成的，而要发力的大小则要经过严格的训练。一般来说，出杆抽动和抖动，往往是靠后手的稳定性。

2.2 确认撞击位置

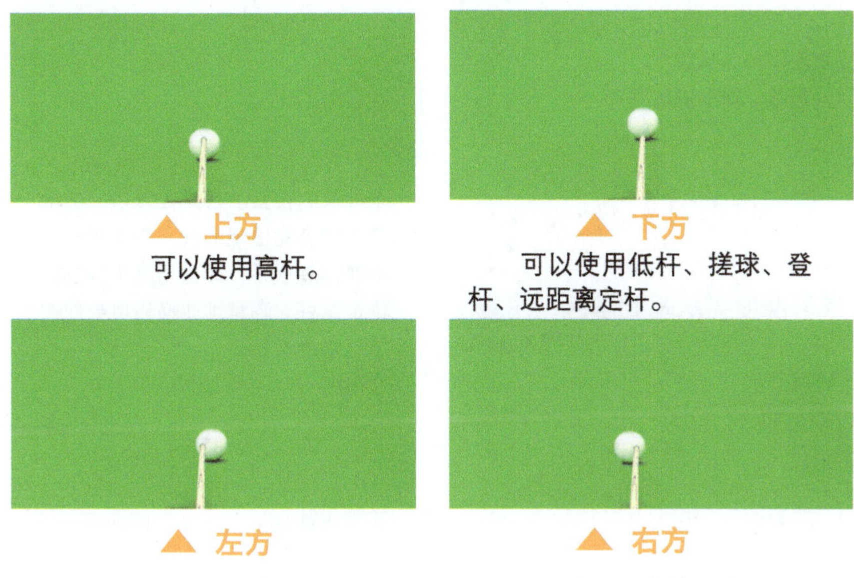

▲ 上方

可以使用高杆。

▲ 下方

可以使用低杆、搓球、登杆、远距离定杆。

▲ 左方

可以使用左旋转、扎杆。

▲ 右方

可以使用右旋转、扎杆。

2.3 杆头不要偏移

在瞄准后，球手击打时要保证稳定。因为脸部已经抵在球杆中心处，对准主眼，理论上应该是百分百进杆的。这时只要保持手臂的平稳，杆头就能稳住。

3. 击球准度训练

提高击球的准确度
学会瞄球，增加进球几率

特别提示

高杆最高击球点约为球顶大半个杆头的位置。在此位置以上的地方击球容易出现滑杆。击球时一定不要抬高后手，而是用高手架支撑稳定球杆。随意地变换姿势会使控球的难度增加。

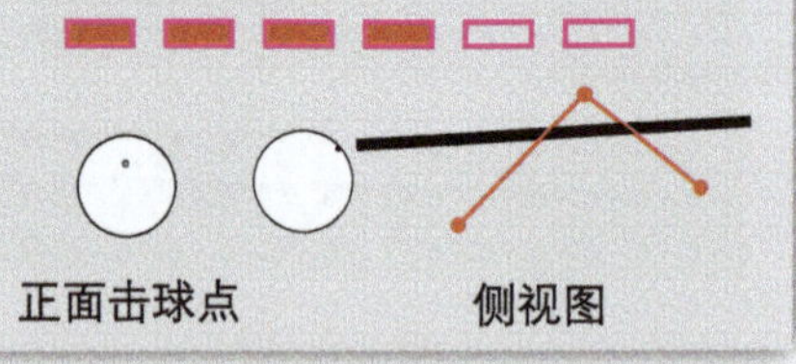

3.1 白球直线练习

练习准度要从基础学起，用直线球练习，由易到难。使用中高杆击打主球时出杆要直且稳，击球姿势、握杆姿势、击球点和瞄准点要正确，注意控制好击球的力量。

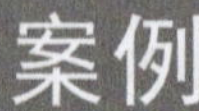

中杆击球 

在台面半场中，上下各码一排彩球。白球放在中间，从一侧库边中杆击球，保证白球不碰到两侧的彩球。在熟练后，将彩球组排成竖列，从宽边击球，练习长距离的直线击球。

3.2 直线球

案例 1

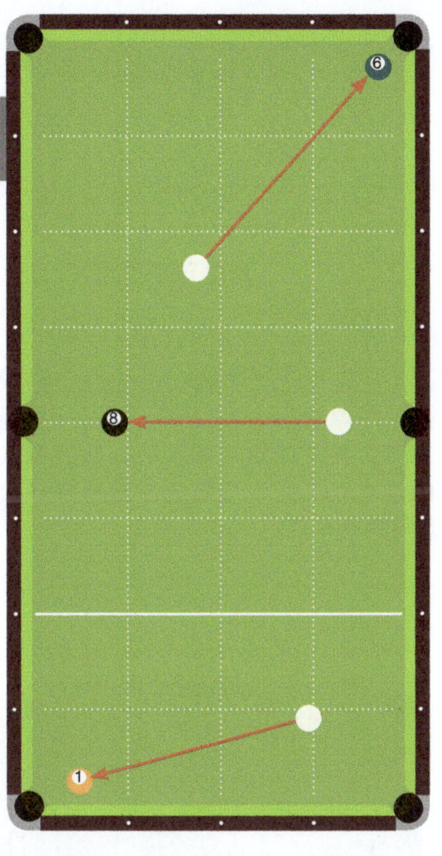

直线球的位置

在台面上，直线球也有各种位置的变化。如目标球距离袋口较近而白球较远、目标球贴在袋口附近的远距离直线球和路线与袋口的夹角小于 45 度的直线。

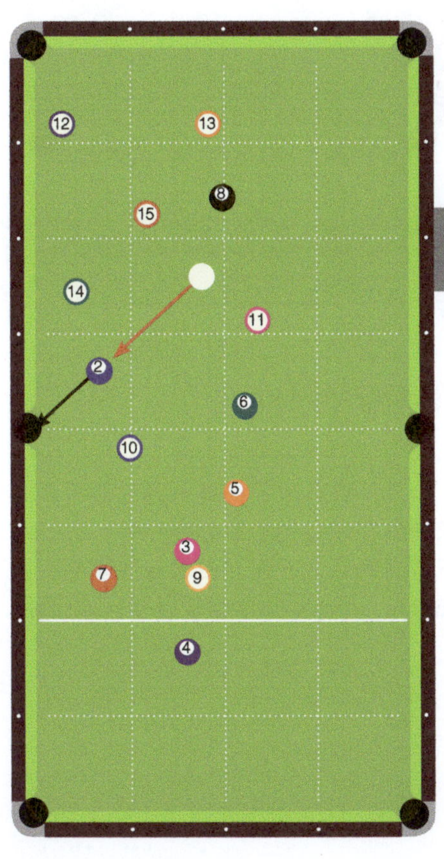

案例 2

中杆击球

球台上有很多散乱的球，找到适合击打的直线球，中杆小力击球，在非正对球袋时避免大力击球，减少击中袋口边而产生的回弹现象。

3.3 角度球

案例 1

角度球的位置练习

首先将一组彩球在击球线上码成一排，每球间隔一颗白球，可以先空着，击球时把白球放入间隔处。然后依次将白球击入口袋（从两边任意选择一边开始即可）。

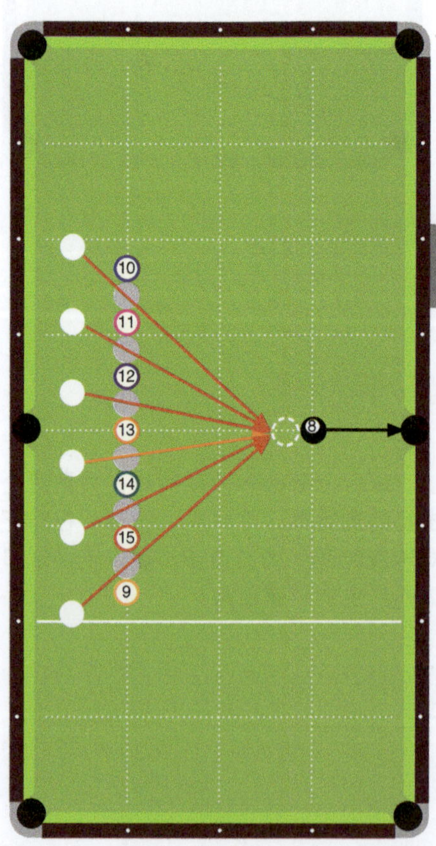

案例 2

目标球角度练习

将一组彩球竖排隔一颗球码一颗彩球地放在球台宽边四分之一处，目标球在对面四分之一处。白球从间隔的空隙去击球。可以使用学会的各种杆法击球。

3.4 八球贴库球的练习

案例 1

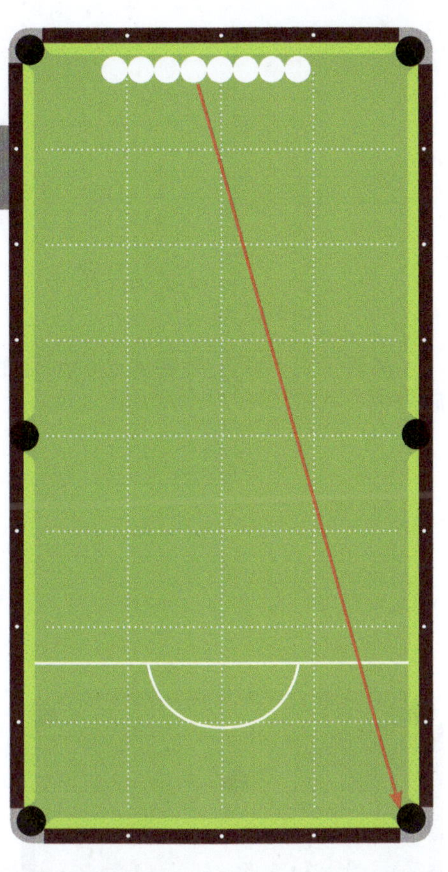

母球贴库练习

将 6 至 8 颗白球贴库码放。白球依次击入对角底袋。这种练习不追求速度，只要能准确地将白球击入底袋就可以。

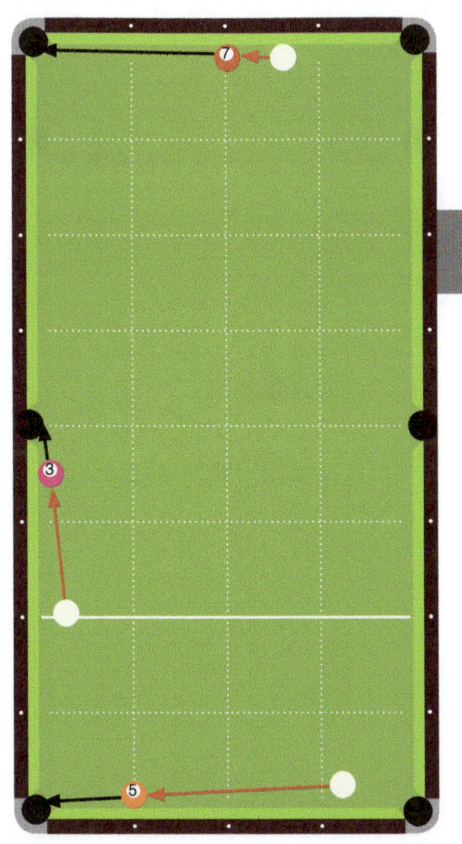

案例 2

彩球贴库练习

在袋口的远、中、近三个距离放置彩球。白球的位置从贴库边到离库边一个半球位不等。以与库边接近平行的方式击球，这种方式主要是为了让目标球击到袋口的库边，自己弹入袋口。

3.5 斯诺克贴库球的练习

案例 1

白球贴库练习 

将若干白球逐一贴在库边向对面的底袋依次击打。

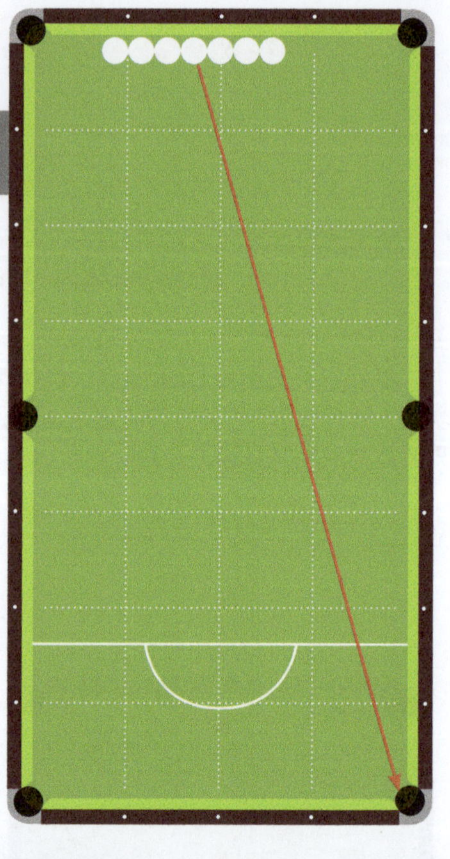

案例 2

白球贴库练习

白球在顶库右侧的位置放一排，再将 7 分球放置点位上，逐一击 7 分球进左上角的袋口。

案例 3

红球贴库时的不同位置打法

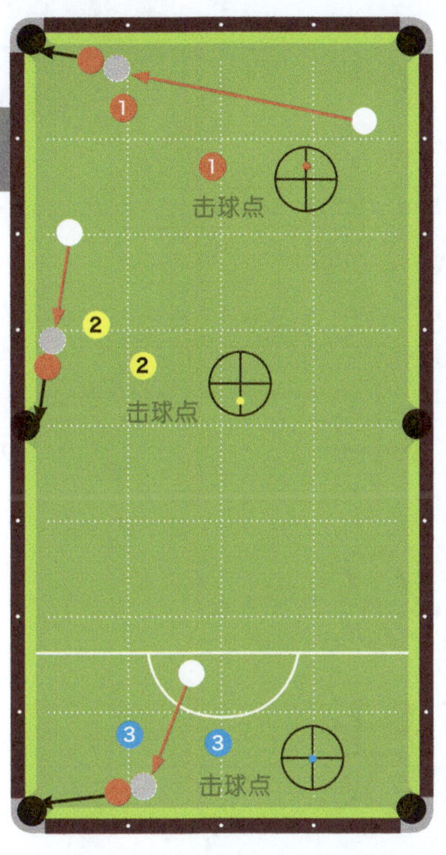

1 使用推杆，轻轻地击打白球撞击红球，使红球进袋。

2 击打白球撞击红球，使红球进袋，在这种情况下容易造成白球进袋，所以要使用定杆。

3 使用中杆击打白球撞击红球的右侧，使红球沿库边进袋。

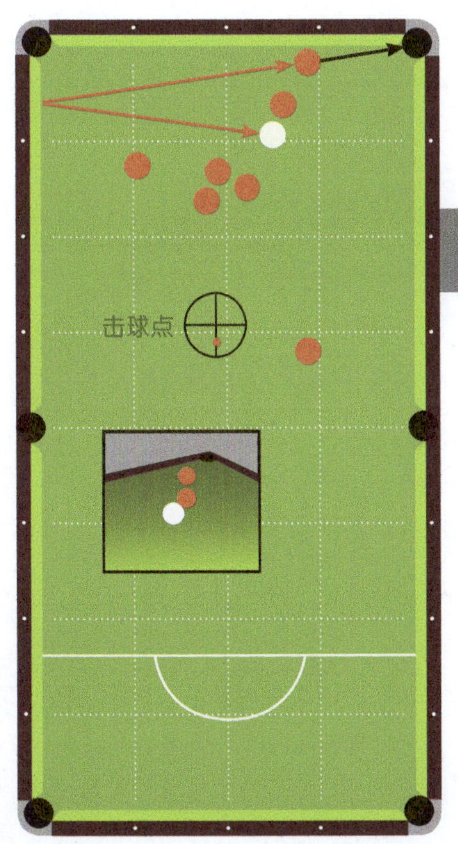

案例 4

红球贴库时的不同位置打法

如左图所示，白球与目标球都在红球堆里，这种打法要有精确的角度计算才能将目标球击进袋，而且还要掌握好杆法与力量，不然白球也会一起落袋的。白球吃库反弹到红球，红球进袋。

第6章 中级技巧练习

在能够连续进球后，就可以练习走位了。球场上瞬息万变，只有一气呵成地打完，不给对手机会，才能赢取胜利。

1. 防止白球落袋

在实际中，我们会经常发现在击球过程中，白球会落袋，造成犯规。所以这里我们要着重讲解怎样防止白球落袋。

我们需要预先判断白球的运行线路，以及撞击目标球之后的运行轨迹。利用球的力的分解原理，如果预测白球会落袋，那么就要采取相应的对策避免这件事情的发生。

根据下一个目标球的位置，选择高杆或者低杆击打白球，让白球的最后停留点可以方便地击打到下一个目标球。

特别提示

实线是白球撞击目标球之后运行的线路，虚线是目标球运行的线路。在没有使用杆法（中杆）的情况下，白球和目标球运行的线路的夹角是 90 度，如果此时白球会落袋，那么我们就必须添加杆法来改变白球的运动轨迹了。

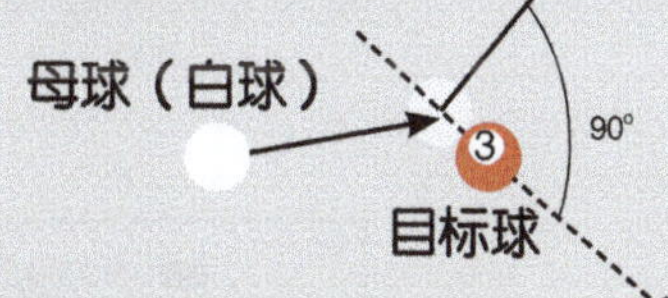

案例 1

中杆击球 

白球落袋。此时使用的中杆击打白球，白球撞击目标球后，目标球落中袋，白球落底带。此时形成了犯规。

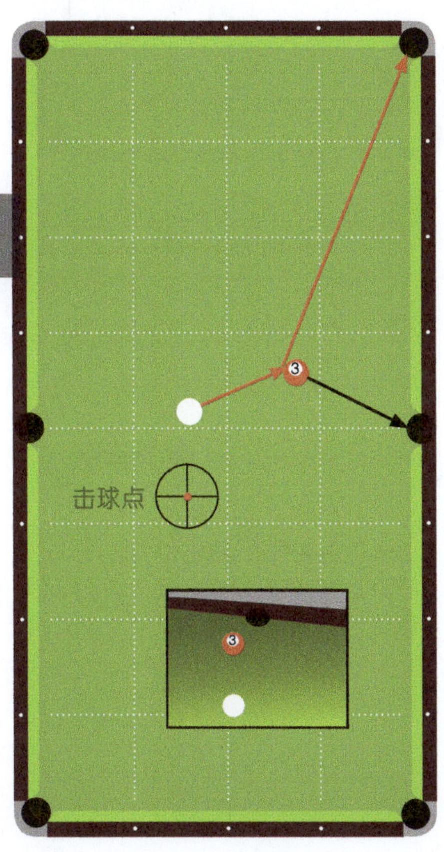

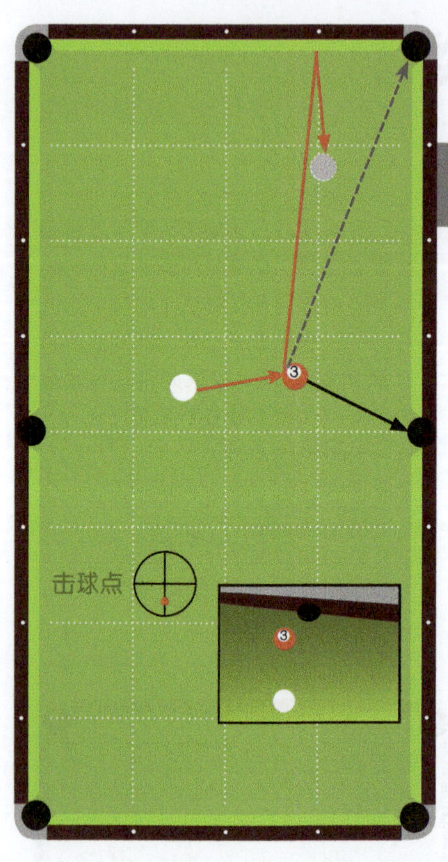

案例 2

低杆击球

白球撞击底库反弹向目标球的方向。此时使用低杆击打白球的下部，形成下旋，白球和目标球之间的夹角大于 90 度。中杆击球，白球会落袋。

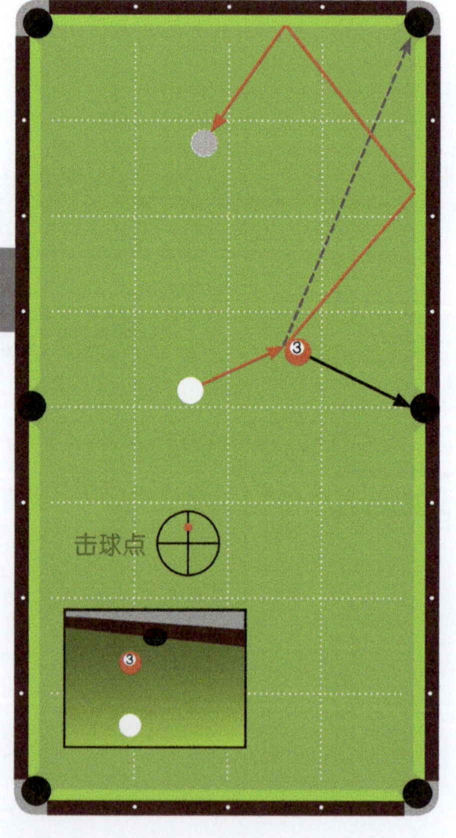

案例 3

高杆击球

白球撞击两库向初始位置的方向反弹。此时使用高杆击打白球的上部，形成上旋，白球和目标球之间的夹角小于 90 度。中杆击球，白球会落袋。

案例 4

低杆击球

白球击库反弹。此时使用低杆，形成下旋，白球和目标球之间的夹角大于 90 度。使用强烈低杆击球，形成拉杆，会误使白球落中袋。

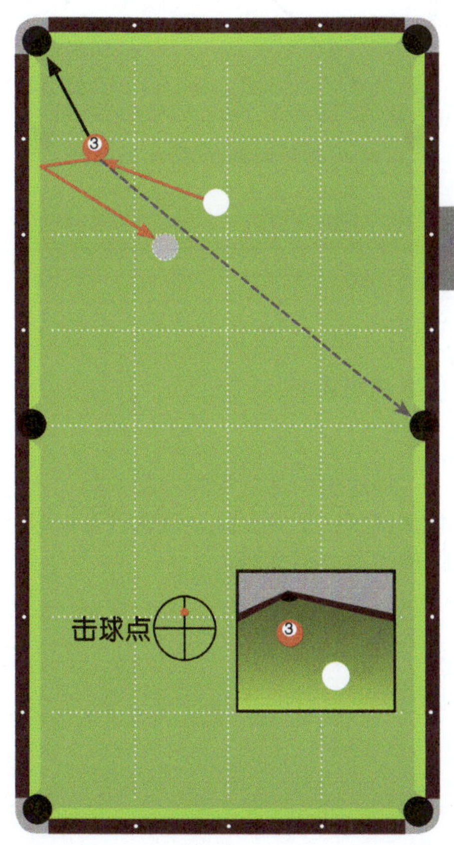

案例 5

高杆击球

白球击库反弹。此时使用高杆，形成上旋，白球和目标球之间的夹角小于 90 度。使用强烈低杆击球，形成拉杆，会误使白球落中袋。

案例 6

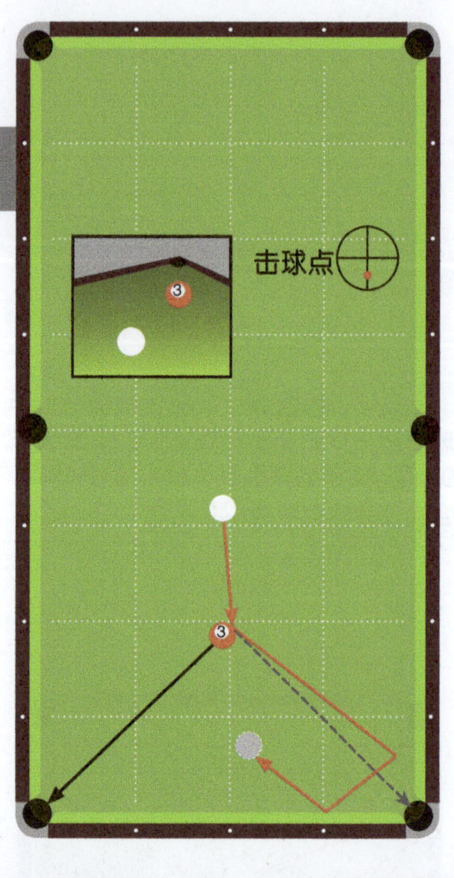

低杆击球

母球击两库反弹。此时使用低杆，形成下旋，母球和目标球之间的夹角大于90度。定杆击球，白球落袋造成犯规。

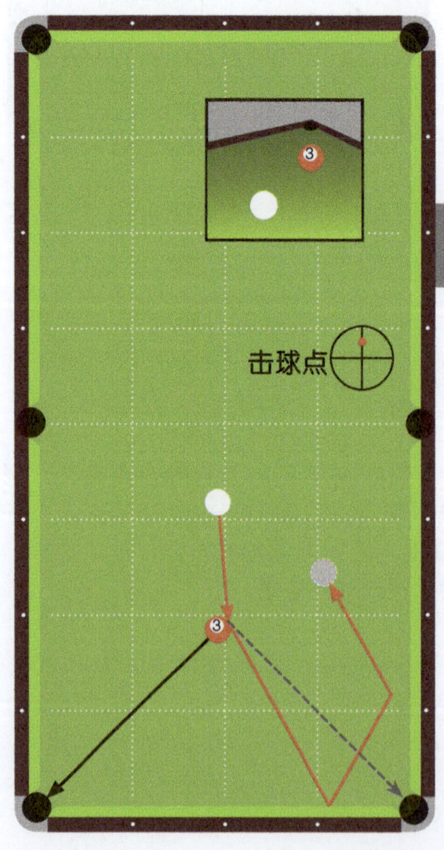

案例 7

高杆击球

母球击两库反弹向中袋方向。此时使用高杆，形成上旋，母球和目标球之间的夹角小于 90 度。

2. 翻袋练习

翻袋是常用的进球技巧，就是击打白球，使白球撞击目标球后，目标球一次或者是几次反弹吃库，然后进袋。

击球时，按照入射角等于反射角的规律。当目标球与库边有一定距离时，使目标球撞击库边后，两侧的角度相同。

在用高杆时，入射角大于反射角；中杆时，入射角等于反射角；低杆时，入射角小于反射角。

特别提示

在练习翻袋的时候，注意瞄点的方向，应该瞄向目标袋口与相撞案边的镜像对称点，这样会形成标准的镜面反射，而目标球也比较容易落袋。

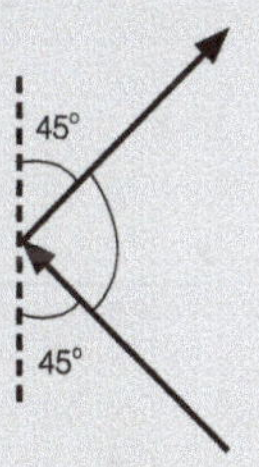

案例 1

中杆击球 

此时使用的中杆击打白球撞击到目标球的右侧，目标球吃库反弹向前运动进中袋，白球按 90° 分离角运动。

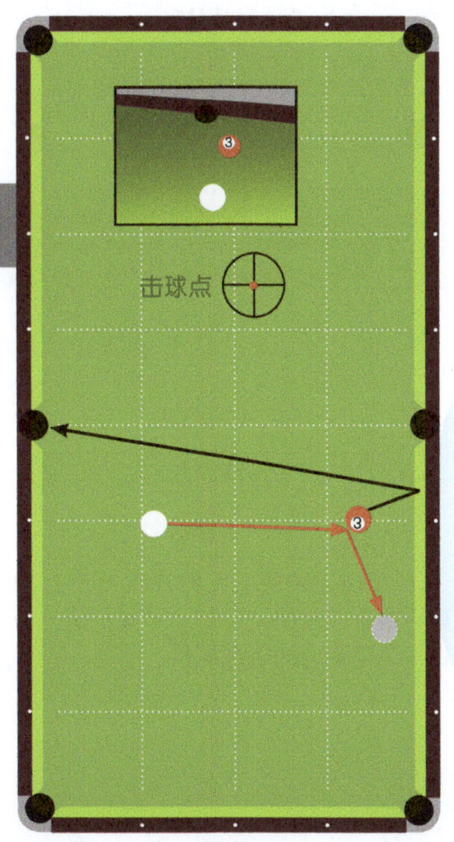

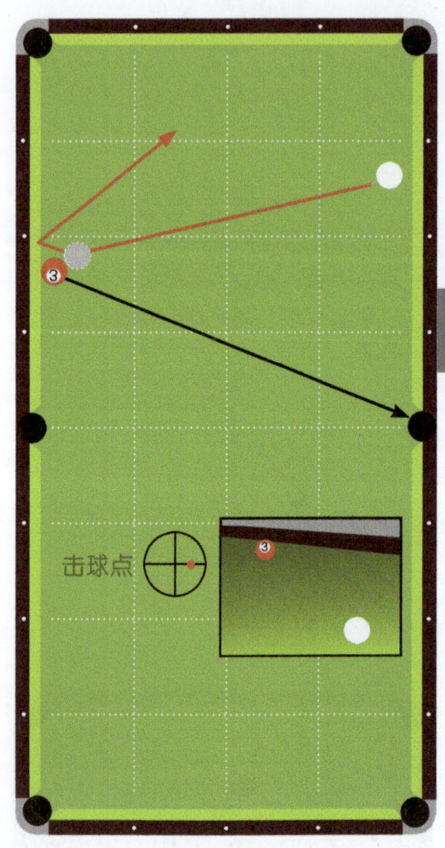

如果目标球贴着库边，那么白球撞击目标球后所运行的轨迹与目标球所运行的轨迹相反，此图为最常见的贴库球翻袋路线。

案例 2

中杆右旋转击球

3 号球落中袋。此时使用的中杆击打白球，撞击 3 号球的右侧，形成右旋，白球与目标球所运行的轨迹相反。

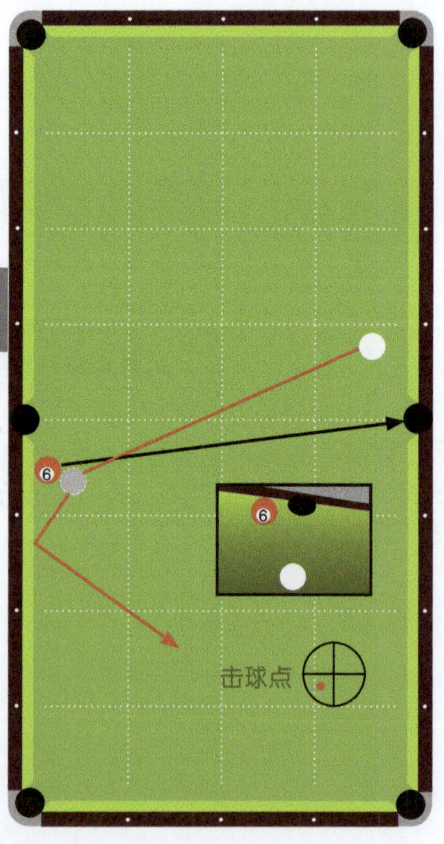

案例 3

低杆左旋转击球

红球落中袋。此时用低杆击打白球，撞击红球的左下侧，形成下旋，与目标球所运行的轨迹相反。

3. 八球清台练习

大部分时候，大多数人都在打黑八，那么黑八如何练习呢？清台就是个练习的好方法。

而清台主要有两种蛇彩练习，一种是直线形蛇彩练习，一种是直角形蛇彩练习。

特别提示

初学者可以不用按顺序击打，只要保证连续下球即可，连续打进尽可能多的球。有一定水平的人，可以按照球摆放的顺序击打，连续打进尽可能多的球，最终清台。

3.1 直线形蛇彩练习

案例

直线形蛇彩 

将白球放在开球线任意一点，不限次序，将彩球全部击入中袋。

将全部号码球，均匀地在球台上纵向码放成直线。

将白球放在库边球某一侧由近及远地将彩球依次击入袋内（目标袋不限）。

白球放在中袋一侧，每隔一个球击一个入袋，打到头后再将隔过去的球击入袋内。

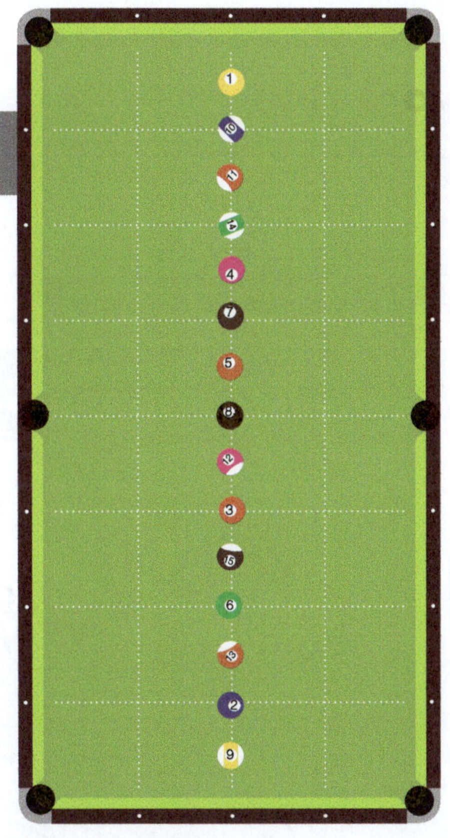

3.2 直角练习

案例

直角形蛇彩

白球在直角上方和下方击打时稍有不同。

4. 斯诺克蛇彩练习

提高击球的准确度
学会瞄球，增加进球几率

围彩球是一种常用的练习方法，职业球手都会通过这种方法来训练。有爱好的朋友也可通过这样的训练来练习击球的准度。这样的练习方法，一定会使你的球技大有提高。

4.1 直线形练习

直线形蛇彩的摆放

在底库与黑球（7 分）之间放 4 颗红球，黑球（7 分）与粉球（6 分）之间放 5 颗红球，粉球（6 分）与蓝球（5 分）之间放 6 颗红球，分别等间距摆出一条直线，将白球放在右侧位置。

从侧面看，一字排开的球的距离一个比一个远。

绿色球（3 分）、棕色球（4 分）和黄球（2 分），一字排开，白球放在开球区的任意位置。

直线形蛇彩的击打方法

还有一种摆球的方法就是，在底库到 7 分球间加 3 颗红球，7 分球到 6 分球间加 5 颗，6 分球到 5 分球间加 7 颗红球。这种摆放与上页摆放的区别就在于白球最后的位置有所不同，第一种的情况比第二种情况的白球最后的位置要精细。

从最靠近底库的红球打（最靠近底库的红球不能贴库）开始，然后按照一红一彩的规则打，还是不能碰其他红球，彩球不必按顺序，能任选，目的是得到更高的分数。

这种练习方法要求练习者灵活运用各种杆法，提高击球的稳定性。

首先击打红球，让红球进底袋，白球运动到另一侧，再继续击打彩球，依次按照顺序击打。

4.2 十字形练习

以粉球（6 分）为中心点，围绕着中心点将红球上下左右排成十字形状。可根据自己围球的能力放大或缩小红球之间的距离，按照一红一粉的顺序击打，不要碰到其他球。这种练习也非常重要，因为在比赛中，开球防守时经常会把黑球（7 分）打到贴死库边的位置或被红球包围。这时击打红球堆上方低一分值的粉球就是很好的选择。

▼ 十字形的摆放

黑球（7 分）与粉球（6 分）、白球 、蓝球（5 分）与棕色球（4 分）在一条直线上。粉球（6 分）两边各放四个红球。每个球间距在 5~8cm。

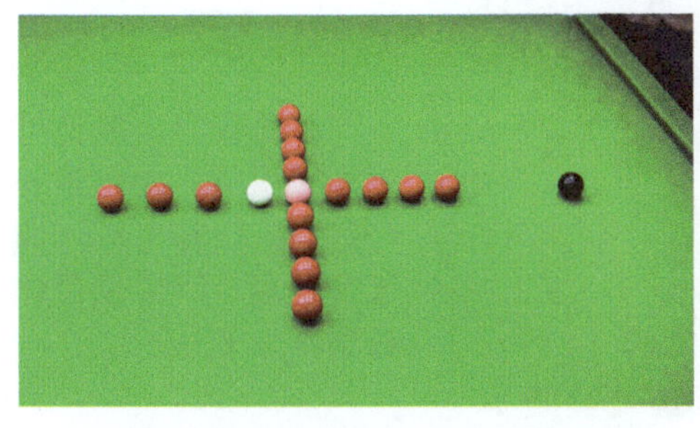

侧面，粉球的侧面依次放四个球，白球放在粉球左边第一球位置。依次排开，黑球的位置如图摆放。

绿球、褐球和黄球，一字排开。

十字形的击打方法

由红球开始，一颗红球一颗黑球连续击打，随着练习的深入再逐渐增多红球。但在击打任何一个球时，不能碰到其他球，击打红球后，黑球、粉球、蓝球可随意选择，尽量击打高分值的彩球。

左前方

首先我们先击打粉球（6分）旁边的第一个红球。调整好角度和力道。轻轻地一个推杆，将第一个红球打进底袋。

左侧

如图所示，在我们击打第一个球时，我们需要考虑后面的击球的路数。注意正确的站位姿势。

正面

如图所示，我们可以清楚看到，左侧第一个红球的位置关系。调整好角度，不要使白球碰到粉球（6分）。

5. 解球的方法

5.1 一库解球

案例 1

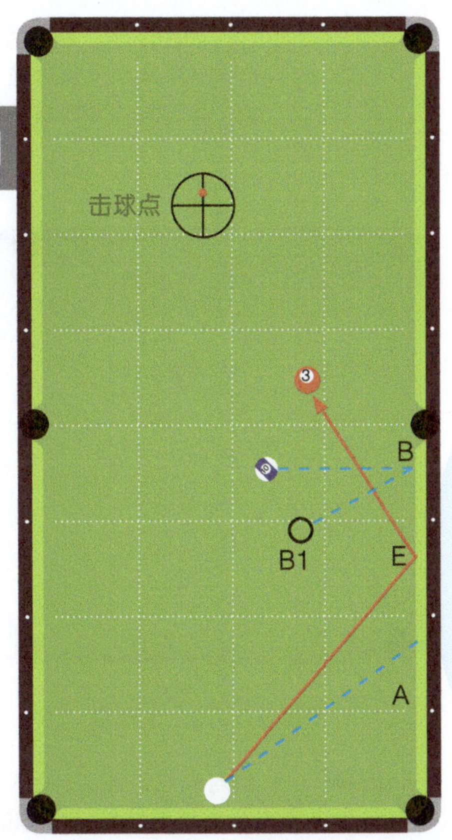

利用平行线一库解球

右图是实现一库解球的典型球势，3 号球被彩球所挡，且离彩球较近，白球如果稍有偏斜就可能撞上彩球。可采用平行线法，先取 3 号球相对于彩球的对称点 B1。过彩球做直线垂直于上岸交于 B 点。以 B1 到 B 点的直线为基准线，再从白球作直线平行于 B1B 并交于上岸 A，那么 BA 线段的中点 E 就是一库解球的瞄准点。

案例 2

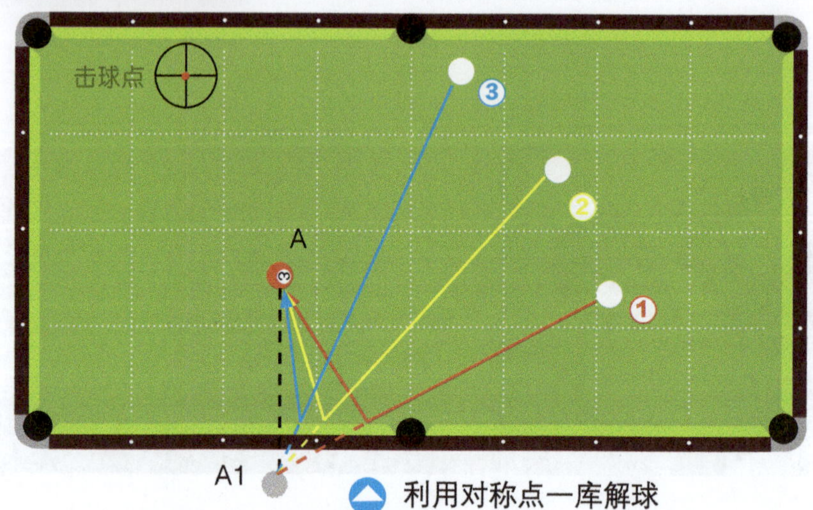

利用对称点一库解球

如图所示，将球放在三个不同的位置 1、2 或 3 对目标球 A 进行一库解球。只要对准 A 球的一次对称点 A1，就能实现一库解球。可以有三条一库解球路线。

案例 3

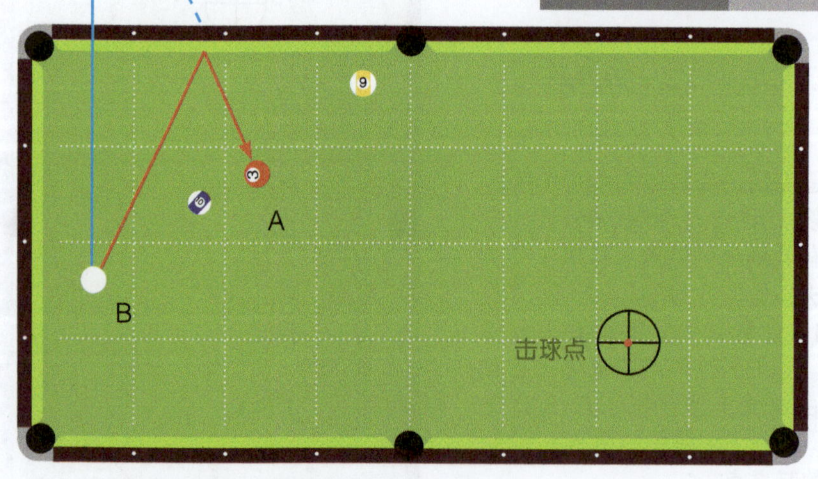

利用对称点一库解球

如图所示，利用对称点，A、B 两球找准对称点就能解球。

白球与边库的垂直延长线能与红球的路线连上，而出入角的对称也不能忘。如图所示就能找到吃库点了。

5.2 二库解球

在台球运动中，经常会遇到用一库不能解球的问题，这就要用二库进行解球。但是，由于岸边台呢的摩擦作用会使球发生旋转，所以在第二次碰岸后反射角会小于入射角，导致白球不能按理想的轨迹运动。因此，二库解球技法不同于一库的技法，需要进行适当的旋转修正。

案例 1

用对称点或平行线进行二库解球（贴岸球）

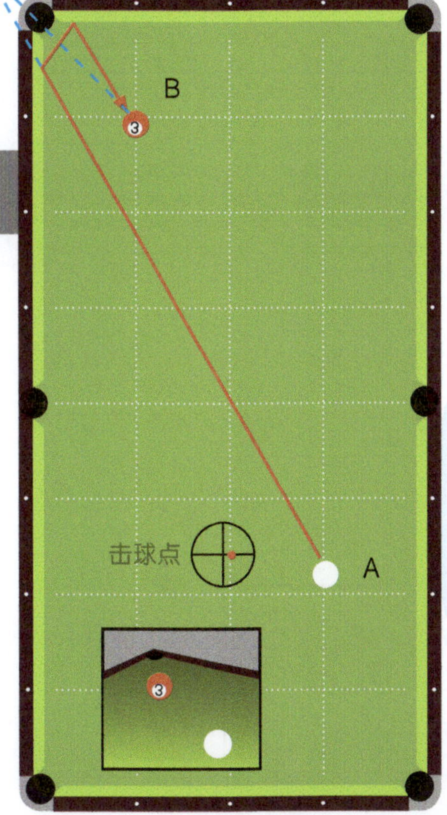

白球 A 向目标球 B 的二次对称点 B1 方向击打，击打时加旋转修正，可破左上角袋旁的目标球。

案例 2

对折二库解球（N 形解球）

二库解球的另一种技法是利用上下岸的对折来实现，统称为 N 形解球，如右图所示。关键是如何确定解球点 e。如果 AB 两球离岸为等距离，则可先判定两球的距离 ab，则 ab 的四分之一处就是解球点 e 的所在位置。大家可能会问，如何考虑主球的旋转修正量？从图上可以观察到，白球先向上左方向碰岸，产生顺右旋，然后以上右方向碰岸，产生逆左旋，这样就左右对消，所以上下折射二库解球不需进行旋转修正。

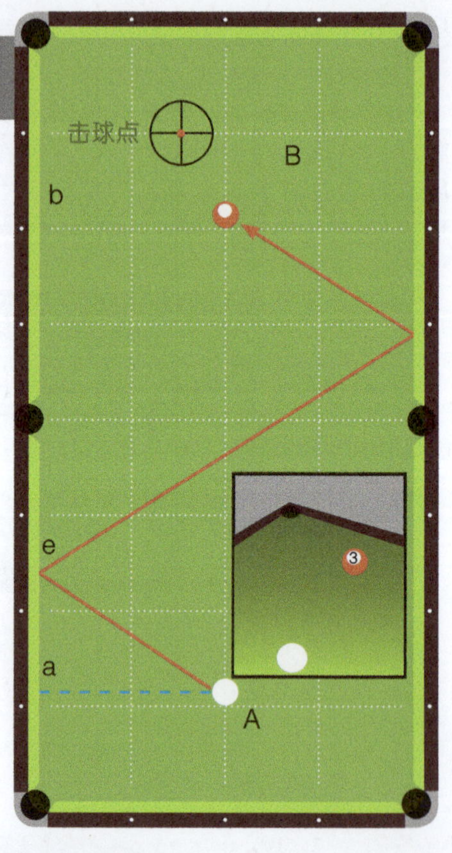

案例 3

等距二库解球

如图所示，白球和目标球离右边库的距离相等，这时二库解球瞄准点 e 解球就比较简单了。只要取平行线所形成的线段的中点就可以了。

过目标球 B 对右上角袋 o1 作基准线 Bo1，过主球 A 做直线平行于 Bo1，取线段 o1a1 的中点就是二库解球瞄准点 e1 的位置，对左上角袋 o2 也同样可做基准线。

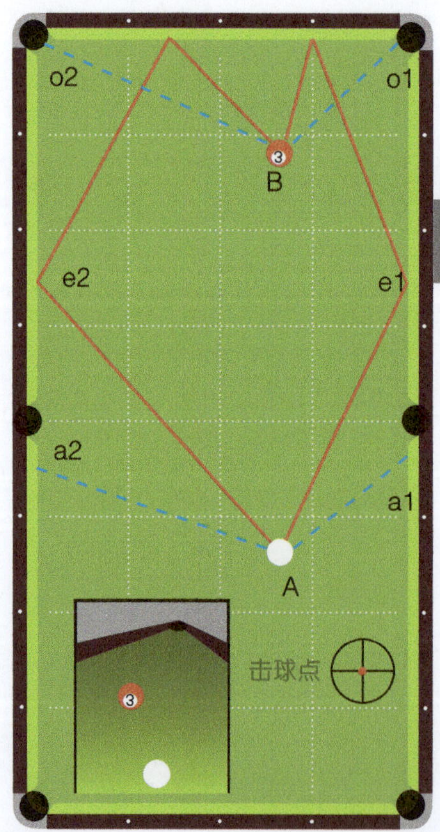

5.3 三库解球

三库解球存在一定的规律，我们可把复杂的计算化解为非常简单的操作过程。

熟练掌握三库以内的多种技法后，多库解球技法就不难了。可把四库作为三库处理，把五库化为三库加两库处理就可以了。

案例 1

不等距三库解球 

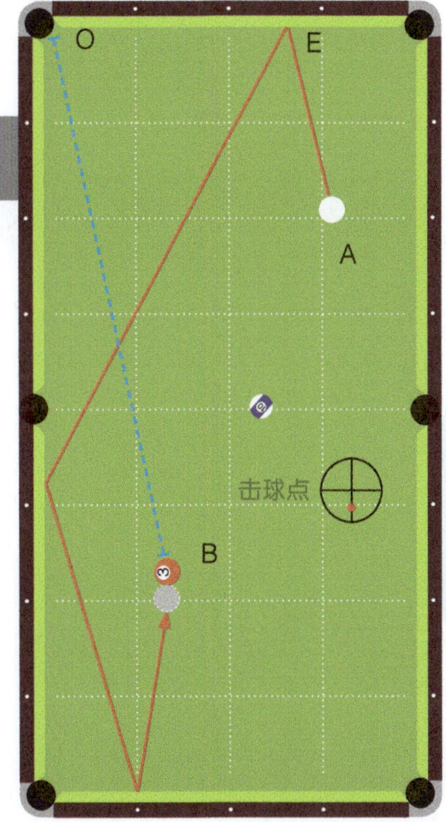

如右图，白球与目标球离边库距离不等，这时要确定三库解球点 E 点，依然可用同样的方法，只要向 BO 基准线平行的 AE 方向出杆就可以了。

力量要大，三库球没有前进的动力就会失败。

案例 2

对称点法三库解球

如右图，首先确定白球 A 的一次对称点 A1，再判定目标球 B 的二次对称点 B1，连接 A1 和 B1 就可以在底库找到 E 点。因为是三库，所以不需要进行旋转修正。

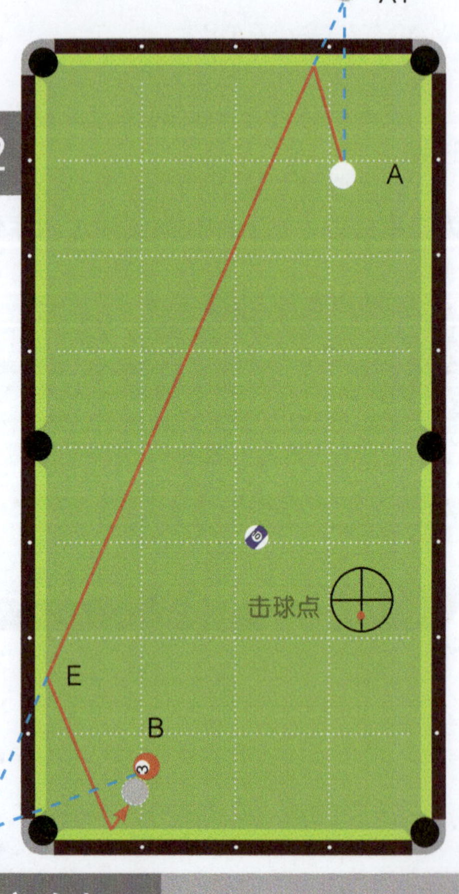

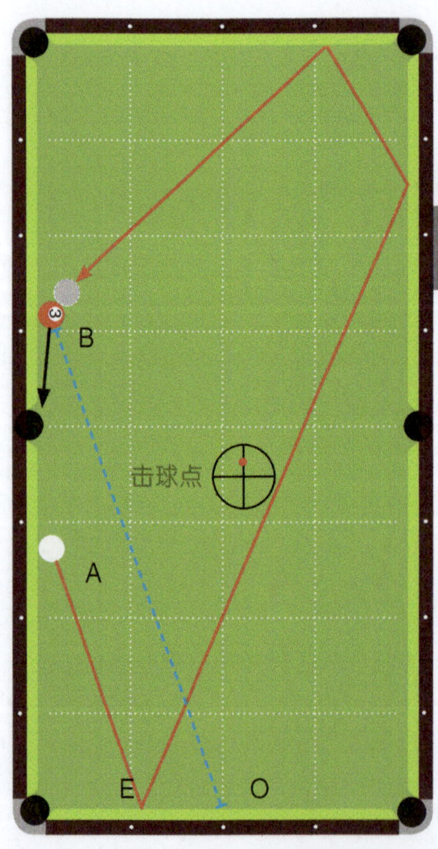

案例 3

对称点法三库解球

如左图所示，当目标球在中袋附近并与白球在同一半区时，如何确定三库瞄准点 E 有一个诀窍。可由目标球向底库的中点 O 作一条基准线 BO，再为白球 A 作 BO 的平行线交于底库的点得到三库解球瞄准点 E。

6. 勾球

勾球，也叫作挂球。是指白球与目标球同在一侧，不使用直接撞击的方法，要先撞击白球对面击库点，反弹回来撞击在袋口那一侧的目标球使其落袋的打法。

钩球的路线就是白球、库边、目标球三点成一个等腰三角形，而这个等腰三角形顶角的角度大小，要根据球的位置决定。

在此基础上，击球时再加上左右旋转，或者在击球点选择高杆或低杆的杆法。不同的选择白球的行进路线都会有所不同。

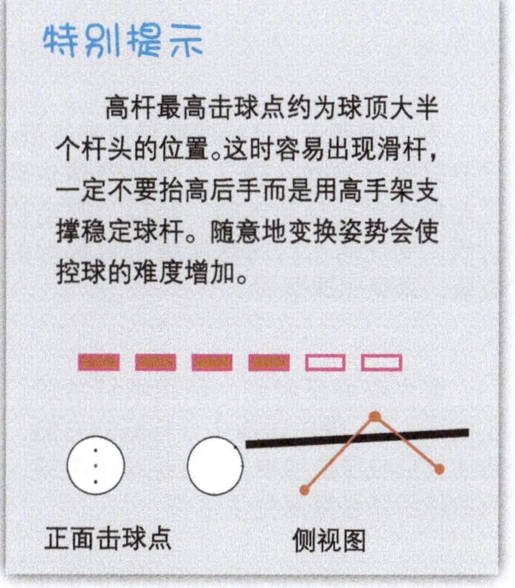

特别提示

高杆最高击球点约为球顶大半个杆头的位置。这时容易出现滑杆，一定不要抬高后手而是用高手架支撑稳定球杆。随意地变换姿势会使控球的难度增加。

案例 1

一般情况下，目标球距离库边或者袋比较近，此时我们就比较容易判断。吃库的点在哪里，然后勾到这颗目标球。有些时候，我们不仅要去勾到球，还要把球勾进，此时就需要精确计算了。

勾球通常使用中杆。只要保证吃库的入射角与反射角相同即可。在这种目标球离袋口比较近，一碰即下的情况，应当注意防止白球撞击目标球后跟随它落袋。

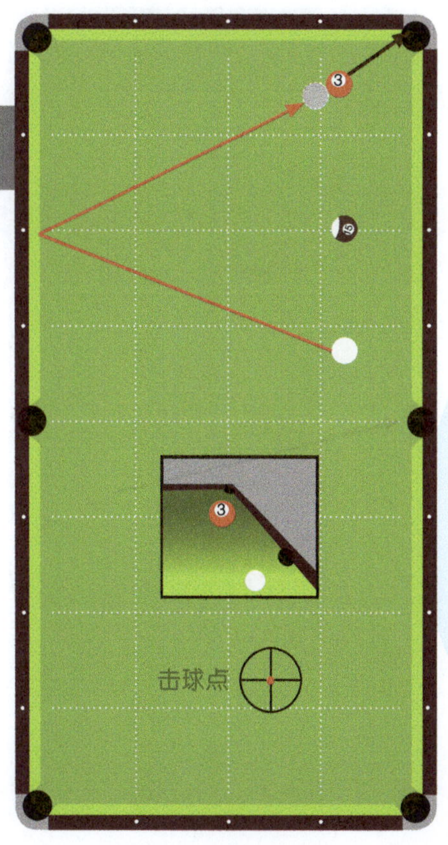

案例 2

如右图所示，目标球离袋口非常近，只要轻轻一碰就入袋了，但是白球也有可能撞击目标球后入袋，所以，在击打时候，要注意击打白球所撞击目标球的位置，避免白球落袋。

首先瞄准反射点，使用中杆击球，让白球吃库，使白球撞击目标球的右侧，两球就形成了边缘摩擦，目标球进中袋，而白球因惯性就避免了落袋。

案例 3

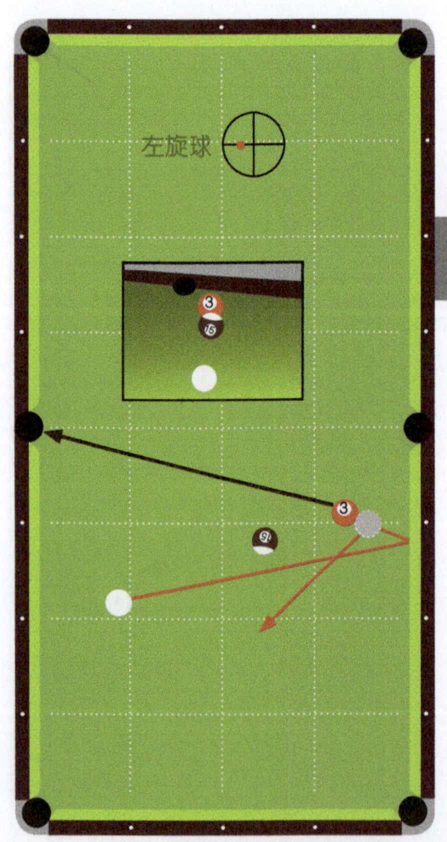

如左图所示，在白球与目标球间有遮挡球，又挡得较严密时，我们加点旋转勾球会很方便。

找好出入角，贴着遮挡球出杆。因为不是对着目标球打，有可能勾不到球，所以可加些旋转方便勾球。

第7章 高级技巧练习

在对台球的基本知识有所了解的基础上，我们开始进行进一步的学习。这里要讲解到的内容跟前面章节提到的高、中、低杆法有关。通过学习，读者可灵活使用不同的杆法，让白球精确地击打目标球，然后走位到合适的位置，就达到我们学习的目的了。

1. 高杆跟进球

高杆，是指用杆头撞击白球中间向上的位置，使白球获得一定的旋转，自然产生前进力量的杆法。

白球在向前运动时，会有一股较强的上旋力，使白球在撞击目标球后还会跟进很长的一段距离，这样的球称为跟进球，又称上旋球。

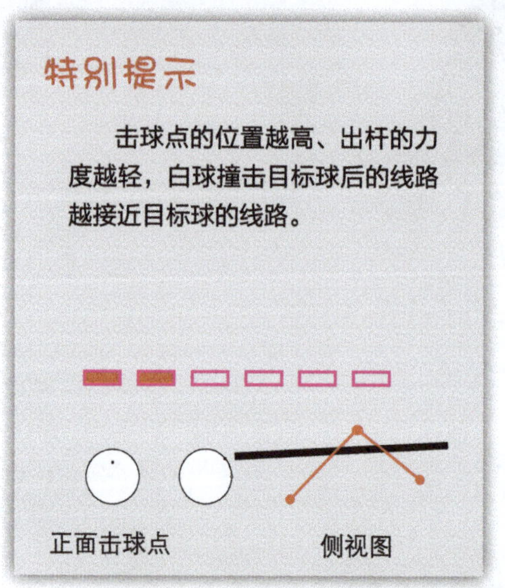

案例 1

高杆击球，校 2 号球 

3 号球落袋，中低力度击打白球，使白球撞击目标球后，吃库反弹，继续向前，到 2 号球附近，以便下次击球。在台面或目标路线上没有障碍球时，直接攻击更有效率。

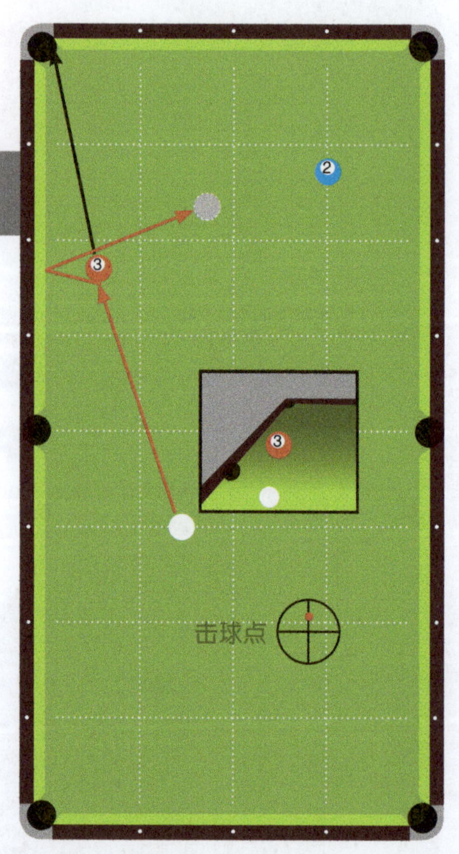

案例 2

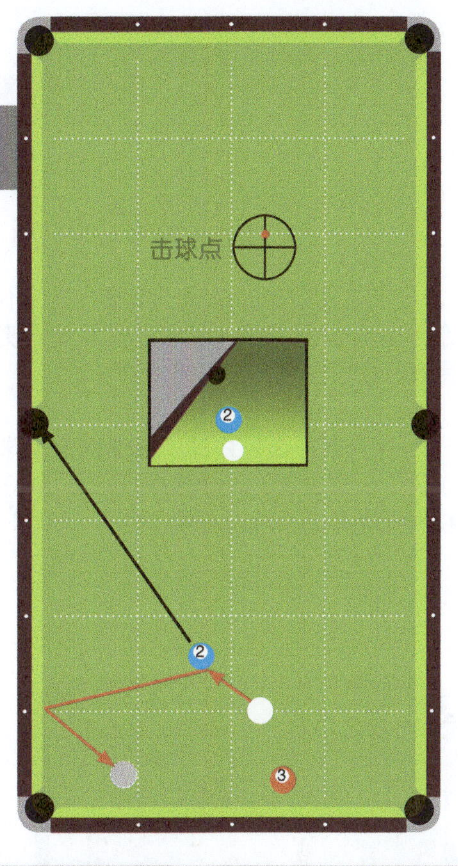

高杆击球，校 3 号球

高杆击打白球，形成高杆跟进球，吃库后，反弹向库底，刚好可以校到贴近库底的 3 号球。

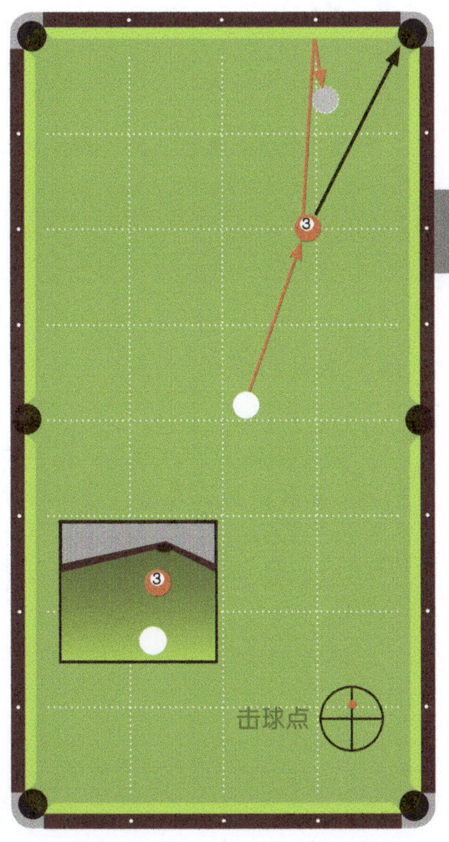

案例 3

高杆击球，防止白球落袋

此时如果中杆击打白球，白球很可能入顶袋，造成犯规，给对手留下机会。

这时使用较强烈的高杆，白球跟进目标球，吃库反弹到贴近库边的位置。

案例 4

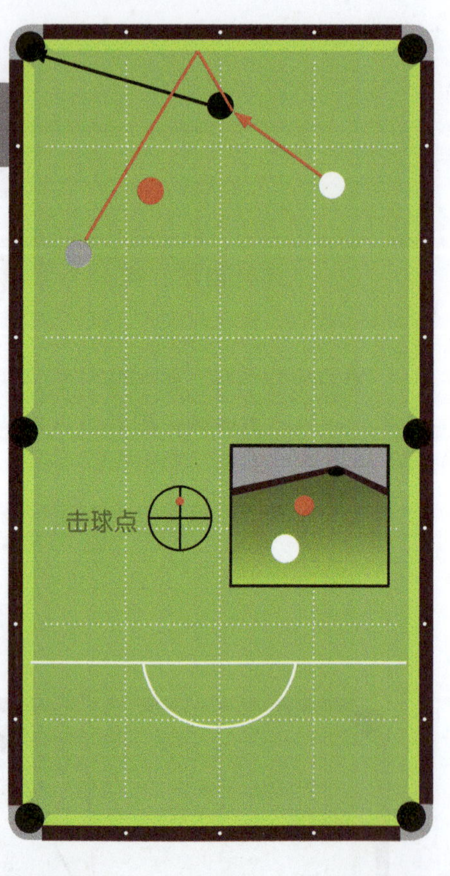

高杆跟进校红球

如右图所示，白球、黑球与袋口不在一条直线上，形成了一定的角度，使用高杆击打白球，使黑球落顶袋。

使用高杆击打白球，白球撞击黑球之后吃顶库反弹向台面中间附近，刚好校到红球附近，可以连续击打。

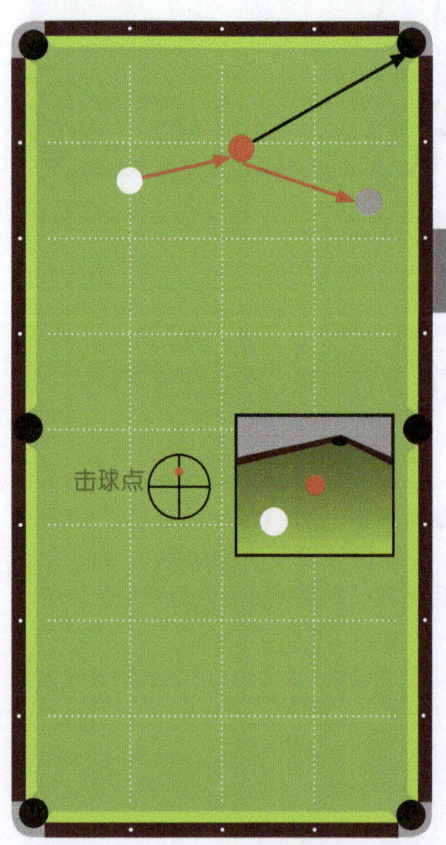

案例 5

高杆击球

如左图所示，白球与目标球离得很近，离袋口也比较近，这时候使用高杆击打白球，使白球撞击目标球，目标球进袋，撞击目标球后的白球向下运动。

案例 6

高杆击球

如右图所示，白球、目标球与袋口在一条直线上，这样直接击打的话，容易造成白球落袋的局面。为使白球离袋口还有一段距离，就可以使用高杆击打。

在这种情况下，击球的力量不必太大。使用高杆击打白球，白球撞击目标球后，目标球进袋，白球稍微向前运动。

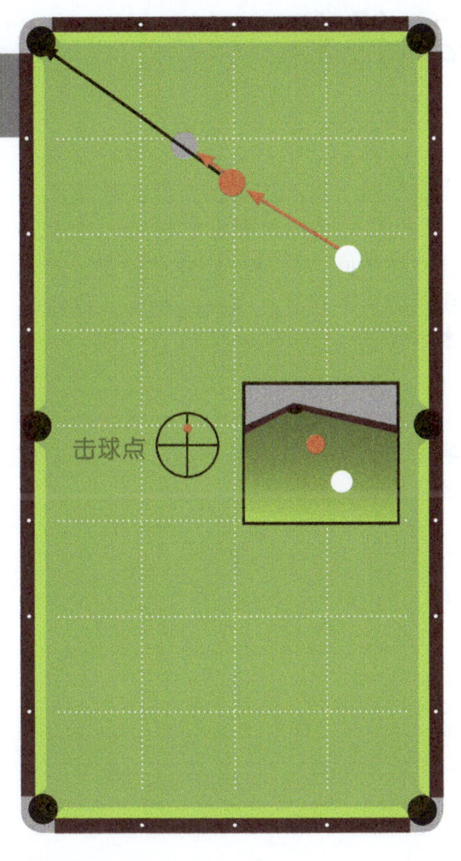

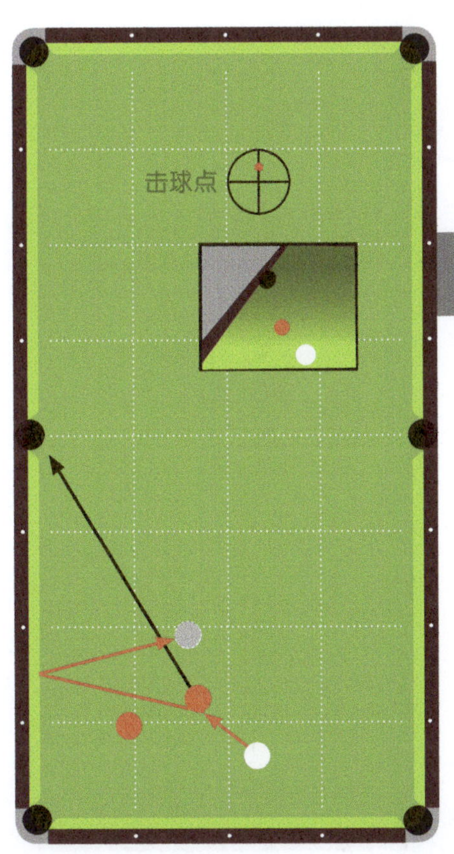

案例 7

目标球落中袋，白球继续前行直到击库反弹回来

红球离中袋稍远，不过离白球不远。使用高杆击球，白球走红线到半场中间的地方，方便下一球进底袋。

2. 推杆

初学者的打法大多都是推杆，就是指白球撞上目标球后，继续向前滚动。

推杆是高杆演变出的杆法，主要击球点在中间，而出杆的速度较慢，产生缓缓跟进的效果，跟高杆相似，路线基本不变。

推杆时往往用力过大，或受台面影响改变路线，但在半个台面围打的时候经常用到。

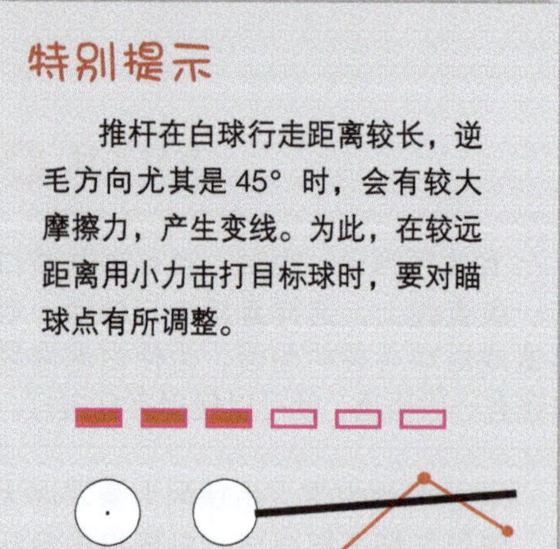

案例 1

白球从斜下方顶球入洞，
白球从左侧顶球入洞

虚线是预计行进路线，从 3 号球左侧把球推进中袋。

实线是实际路线，由于台上的料子会影响白球前进路线，从而产生一定偏差。

白球的预计路线肯定能将 3 号球送入洞中，而偏差后的路线有一定几率让 3 号球撞上边库反弹回来。这就需要读者通过练习来减少偏差。

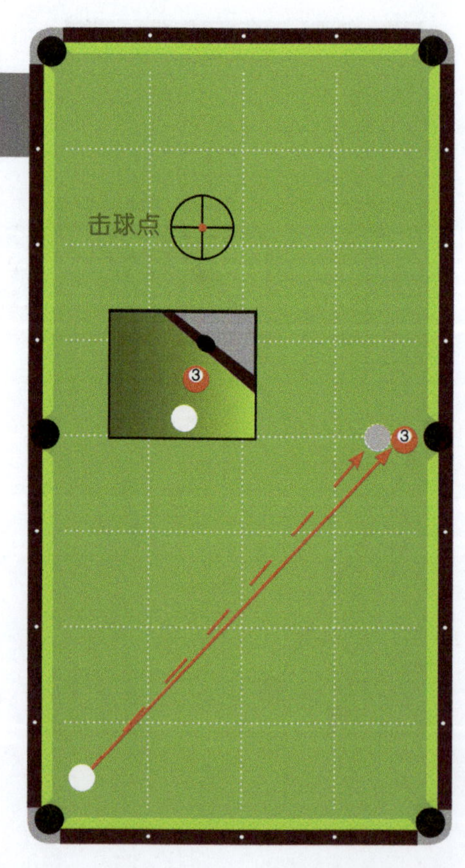

案例 2

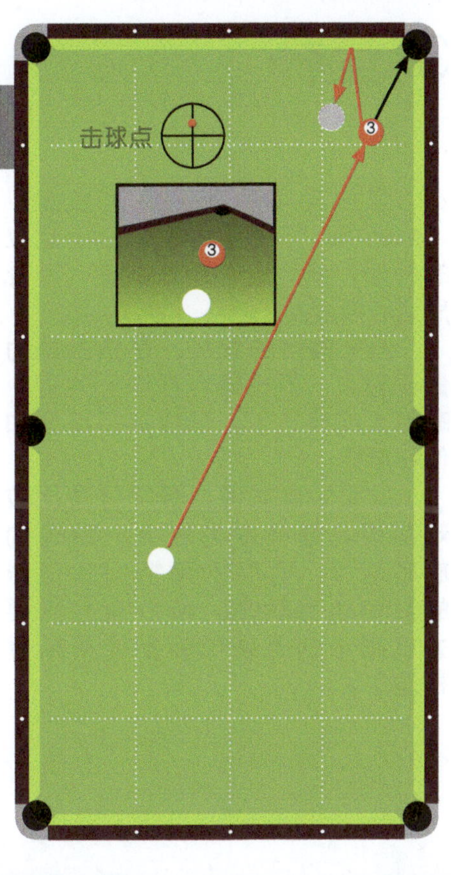

高杆轻推

如图所示，白球、目标球与袋口成一条直线，目标球离袋口又非常近，这种情况是经常遇见的。一般人就会直接进行击打，然后导致白球落袋。

此时使用高杆轻推击打白球，使目标球进袋，白球就会向左上方运动吃库反弹。

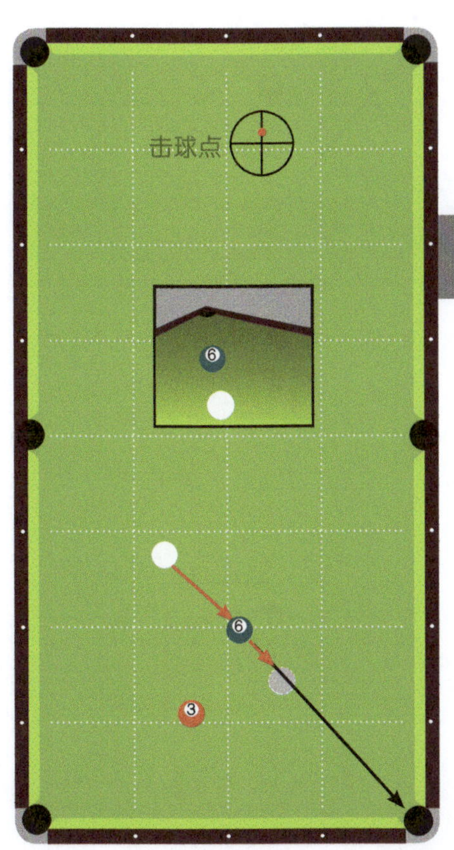

案例 3

高杆推球

白球推动 6 号球进底袋后跟进一段，控制好击打白球的力度，防止白球意外落袋。

在白球停下后，可以校 3 号球继续击球，连续得分。

3. 登杆

登杆又称斯登，英文名是："stun"。它属于大发力，小走位的杆法。细分还有斯登跟进、斯登后退和斯登塞。

通常理解的登杆，是指击球力量比较大，而击球点在中心附近，略靠上或略靠下，形成高杆斯登和低杆斯登。

对初学者来说，登杆杆法比较难实现。登杆发力较大，白球的旋转较少，台呢的摩擦力对白球的影响也比较小。所以有些需要力度很小的落袋球就不能用斯登杆法了。

特别提示

登杆发力要像蹬腿一样有力，在击打白球后，要收住杆，不能有多余的延伸。但实际中往往会出现发力时力量不够的情况。

斯登就是用中高杆击打白球或是用中低杆击打白球。

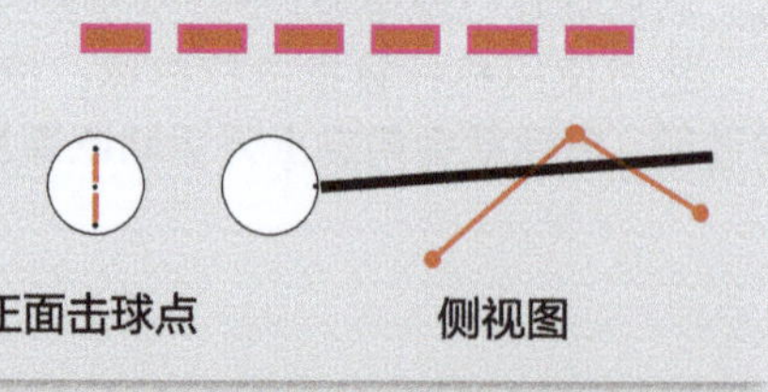

案例 1

中高杆击球

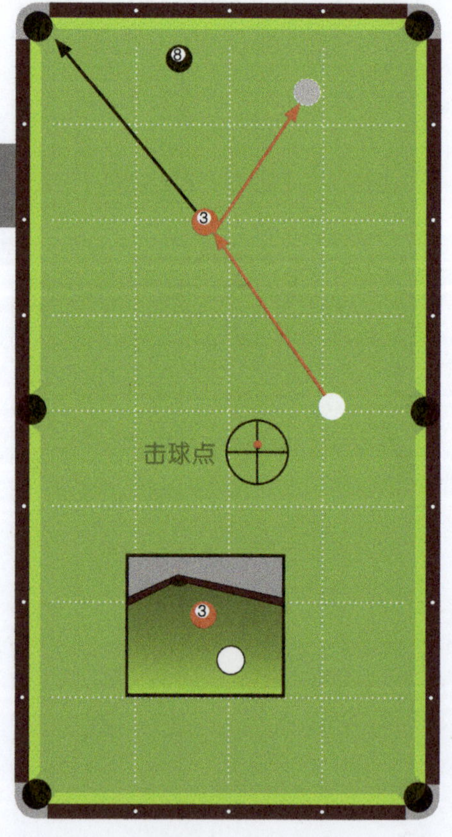

这里要确定击球后白球能校到 8 号球，传统高低杆就不适用了。用右高杆控制住白球，之后白球和 3 号球分开的角度小于 90°，抵达 8 号球的后方。

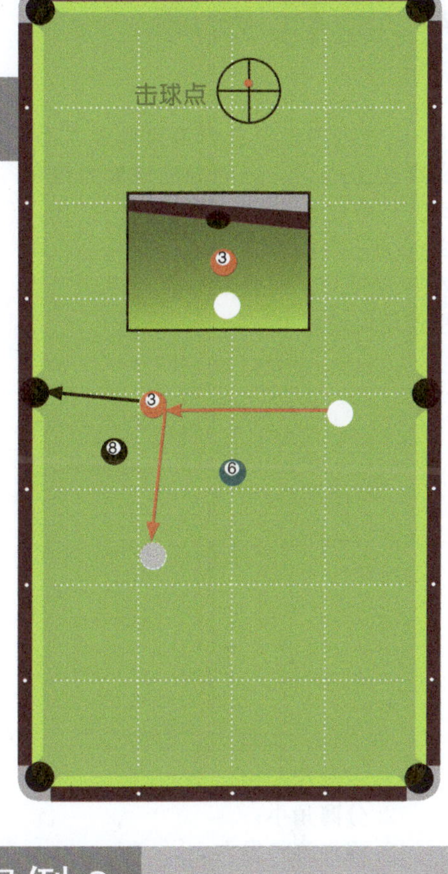

案例 2

目标球落中袋，白球移动到左侧

白球与 3 号球呈直线，这时使用中高杆击打，大力击打使分离角小于 90°，从而使白球穿过 8 号和 6 号球，便于下次校位。

需要注意的是在使用登杆时不能为了爆发力而丢了角度。

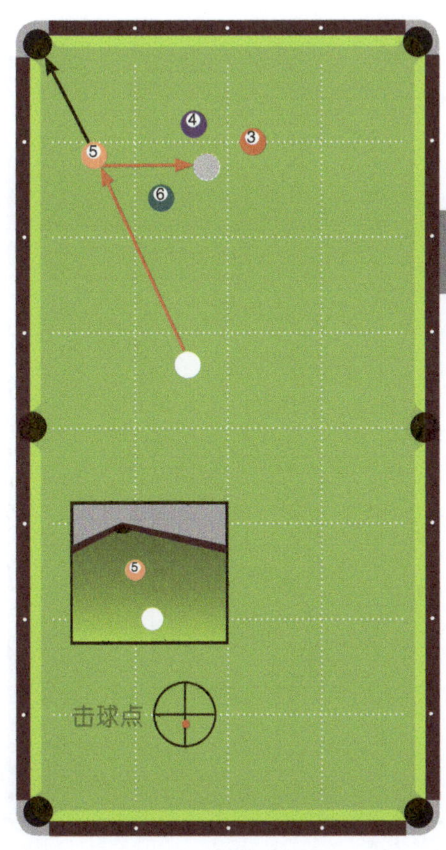

案例 3

目标球落底袋，白球从 4、6 号中间穿过

目标球进洞后，如果白球继续跟进，会失去连续击打色球的最佳位置。

这时用中低杆击打白球，使白球撞击目标球之后，两者的分离角大于 90°，使白球停在色球堆里。若 5 号球落袋，可以继续击打 3 号球或 6 号球；若 5 号球没有落袋，则是很好的防守。

4. 高杆吸库

高杆吸库就是在打进目标球之后，白球撞上库边，然后向击球者方向移动，但是由于有着强烈的高杆效果，白球会在向后反弹一小段距离后，再次向前滚动，回到库边，与库边至少撞击两次或以上。

特别提示

在远距离使用高杆吸库时，强烈高杆和强烈反旋转配合使用吸库效果最好。因为远距离击球时容易跑偏，用反旋转减速吸住库边能解决这个问题。

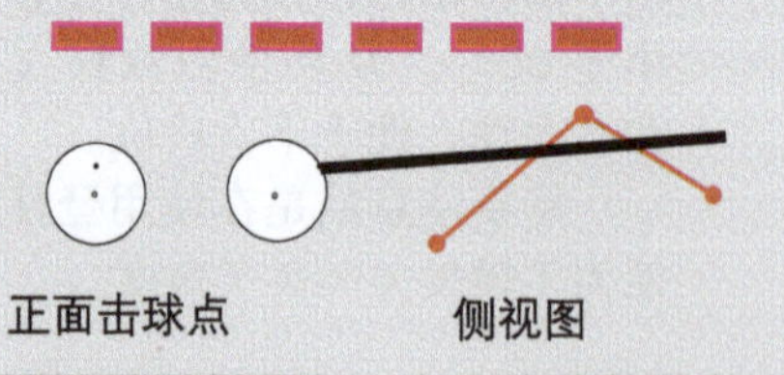

高杆吸库的要点主要有三个。

1. 目标球距袋口不远；
2. 分离角小；
3. 强烈高杆发力。

案例 1

高干弧线击球 

使用强烈高杆撞击击打白球后，使白球撞击目标球进袋，白球弧线向上运动吃库反弹。

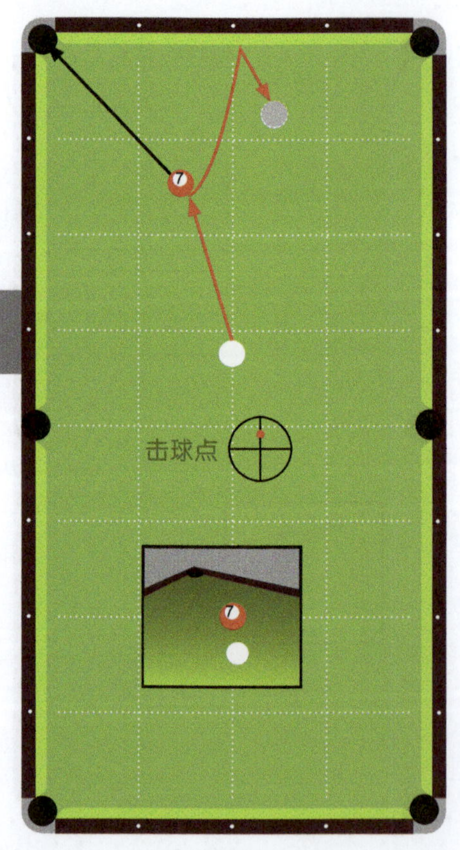

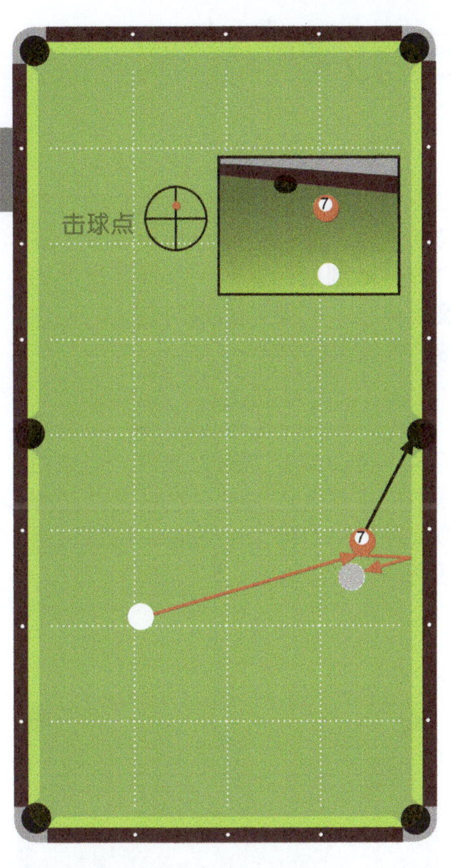

案例 2

高杆击球

使用高杆击打白球，使白球撞击目标球，目标球左上方直线运动。而撞击后的白球向后运动吃库反弹。

案例 3

高杆吃库击打目标球

如左图所示，白球离目标球的距离较远，目标球离袋口非常近，这时候就可以采用高杆吸库的方法。

使用高杆击打白球，使白球撞击目标球进袋，白球小弧线向上运动吃库反弹。

5. 拉杆

拉杆又叫缩杆。出杆时杆头击中白球的下方，从而使白球旋转的方向与前进方向相反（就是逆旋转）。在白球碰触到目标球时，白球前进的力度会减小，而摩擦力相对较大，使白球产生后退的力。

低杆强调的是一种杆法，与高杆相对，打白球下边都叫低杆，但是白球不一定都会缩回来。拉杆是用较强烈低杆产生有回拉的效果，可以说是低杆的极限体现。

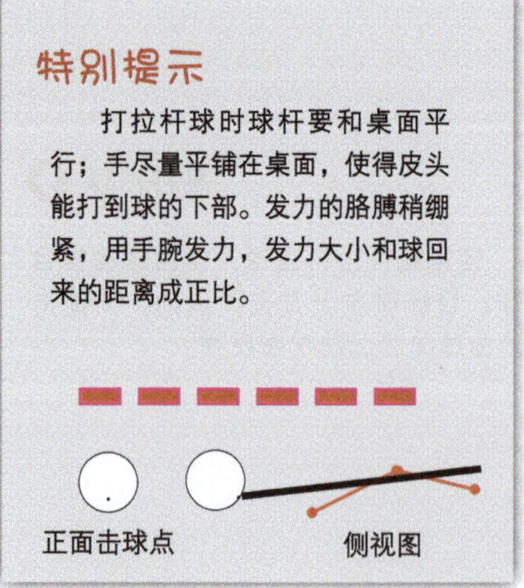

案例 1

目标球落底袋，白球小角度返回

击打白球下方，白球撞击目标球进袋，向后运动，形成明显的拉杆效果。

在实际战术运用中，要灵活地使用拉杆杆法，形成有利于自己的球形，连续击打连续得分。

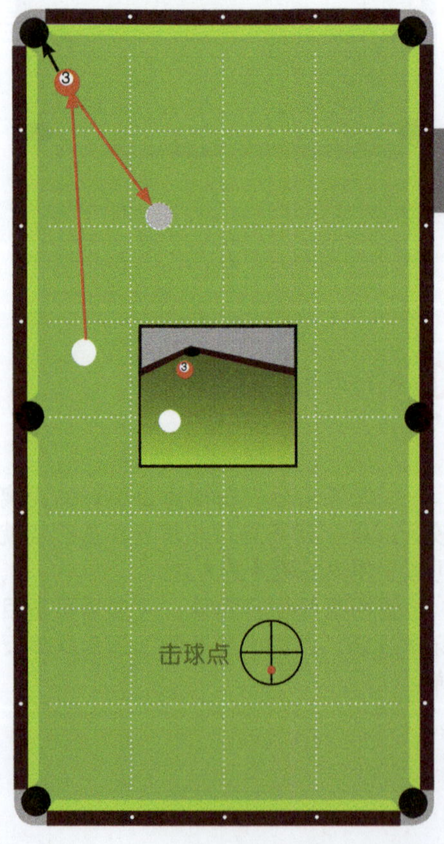

案例 2

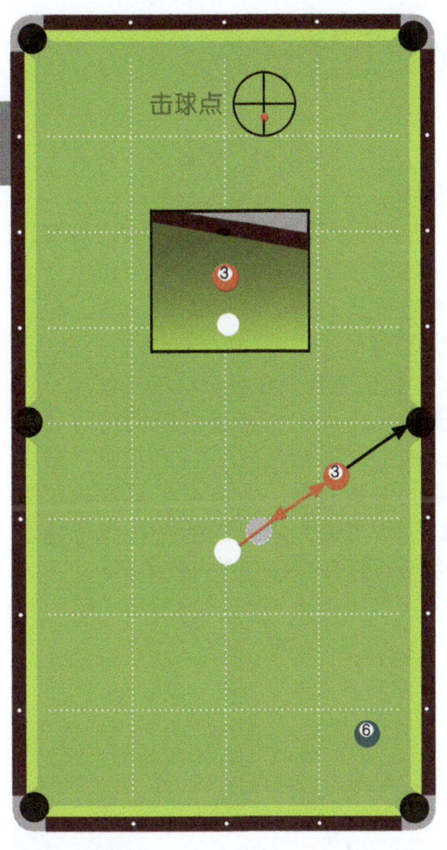

目标球落底袋，白球原路返回

如右图示，小力击打白球下方后，3 号球入中库，白球原路返回，以便击打 6 号球。

直线击球，更容易控制白球后退的距离，练习时记下用多大力度和角度击球后白球回返的距离，以便今后在球场上更好地发挥。

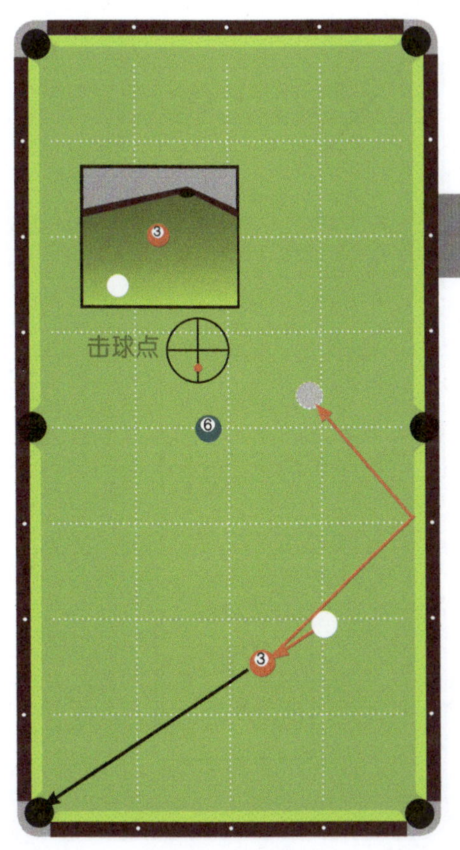

案例 3

目标球落底袋，白球吃库返回

大力击打白球下方，白球撞击目标球向后运动，吃边库向上运动。

这里，用低杆杆法击打白球，可以向上校到 6 号球，形成连续击打的机会。

6. 定杆

定杆分为两种，即新式定杆和老式定杆。

老式定杆是击打白球的中心位置，使白球接触目标球后定在原位上。老式定杆适合击打中近距离的球，较容易控制。

新式定杆是击打白球的中间偏下，要做到白球的逆转正好抵消击打目标球的力，适合击打远台。其中，最主要的就是力道，力道小了就变成减速杆了，力道大了白球的逆转大于撞击目标球的力就是拉杆的效果了。

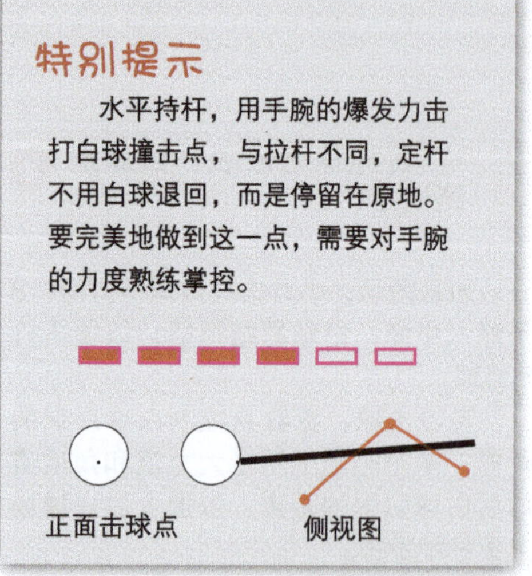

案例 1

定杆击球 

想在 3 号球入袋后继续打 8 号，就不要使用普通杆法，因为那样白球在碰到 3 号球后会弹回很远，不利于击球。这时就要在碰到 3 号球后把白球定在原地。

使用中低杆击打白球中心偏下的点，出杆的速度一定要快，使白球撞击目标球后，目标球进袋，白球停在原来目标球的位置。

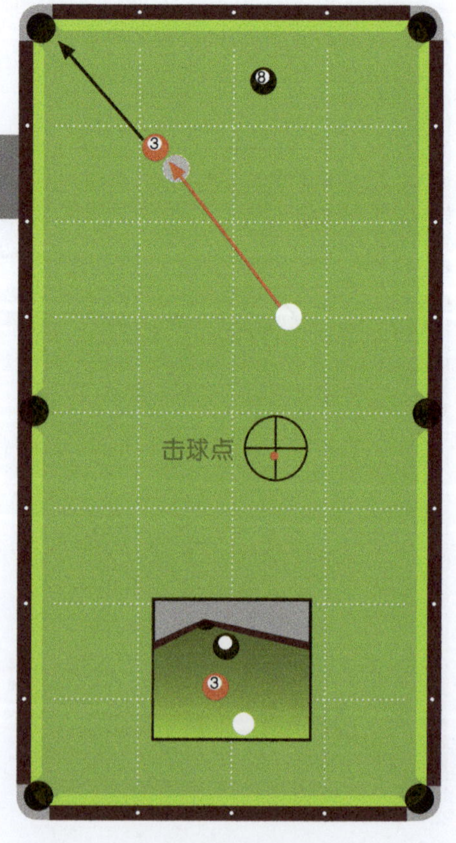

案例 2

目标球落底袋，白球停住

如右图，白球与目标球间的距离很远，要加些旋转，同时手腕上的力度也要加大好让白球能停住。具体情况还要亲身试验才能理解。

由于距离较远，手腕的爆发力要大，使用中低杆击球，出杆的速度一定要快，不然就成了推杆了，使白球撞击目标球后，目标球进袋，白球停在原来目标球的位置。

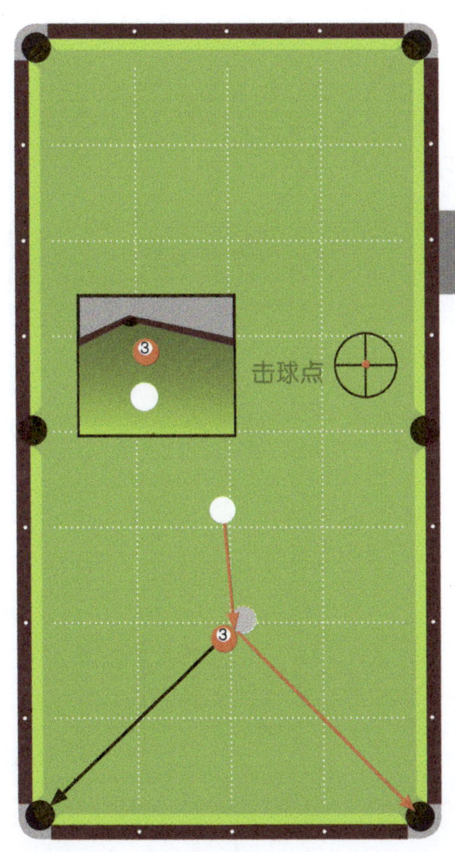

案例 3

目标球落底袋，白球失误落袋

左图中，使用中杆击打白球，白球撞击目标球后反弹，入底袋造成犯规。

这里若是使用定杆击打白球中心点靠下的位置，把球定住，则不会出现这个问题。

7. 搓球

搓球是低杆的演变。使用时白球产生下旋，随着前进与台面的摩擦，下旋变成上旋（即击打的是低杆的位置，却有高杆的效果）。

为使打到球后白球能够减力，达到我们想要的目的地。低杆发球时用力要尽量小，用小臂带动手腕甩杆把球弹出去。击打中心线位置，偏左偏右都会出现扎杆的效果。很多专业人士称之为用高杆的打法打低杆。

特别提示

搓球的主要作用是减力。在击打远距离球和薄球时效果明显。

而在击球时，近距离出杆偏慢，远距离出杆偏快。手架放平，击球点降低，防止出现跳杆。

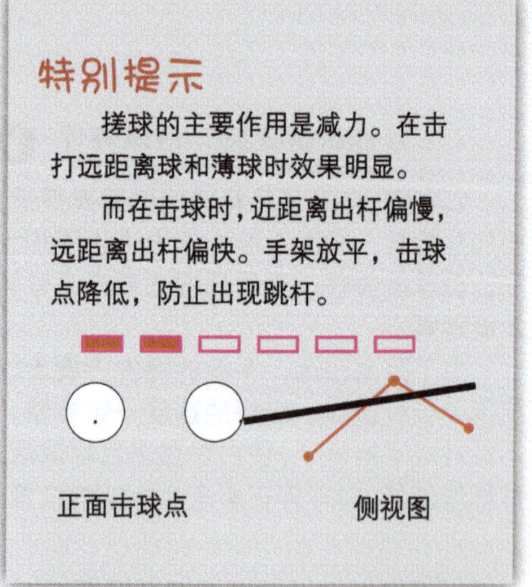

案例 1

白球击 3 号球入底袋后走到 8 号球后方

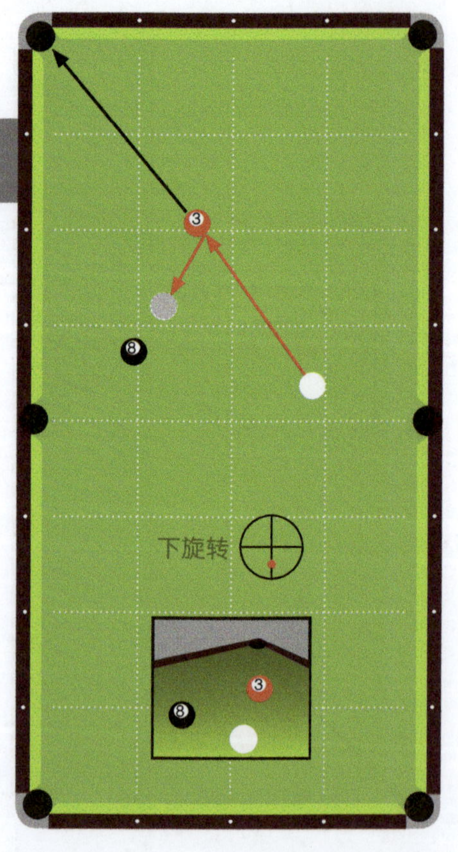

如右图，白球与目标球的距离同目标球与袋口的距离差不多时，用中力击球，在击红球入库时也不必担心白球弹出最佳击球点，能校到下一颗目标球。

使用中力击打目标球，目标球进袋，白球向下运动。

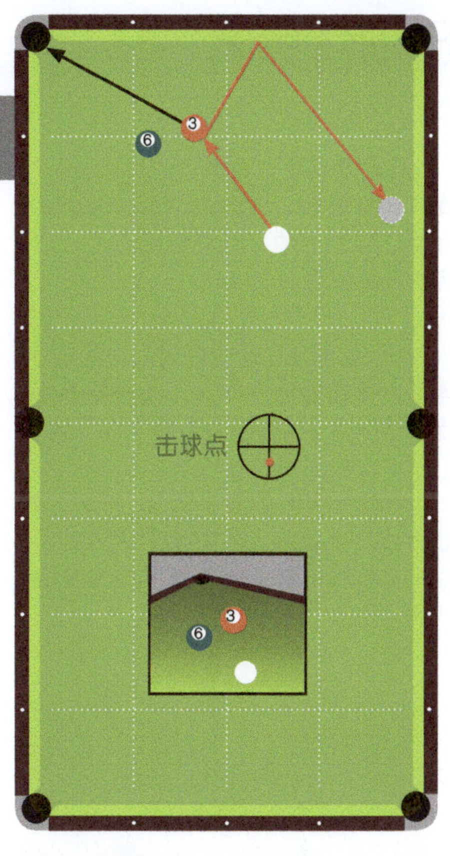

案例 2

3 号球入底袋，白球校 6 号球

如右图，白球面前有两颗适合进袋的球，先打前面的球为后面的球让路。但是为避免击球后白球跑远，需要搓一下。用中小力调好角度后，白球击库返回。走到 6 号的后面，以便下次击球。

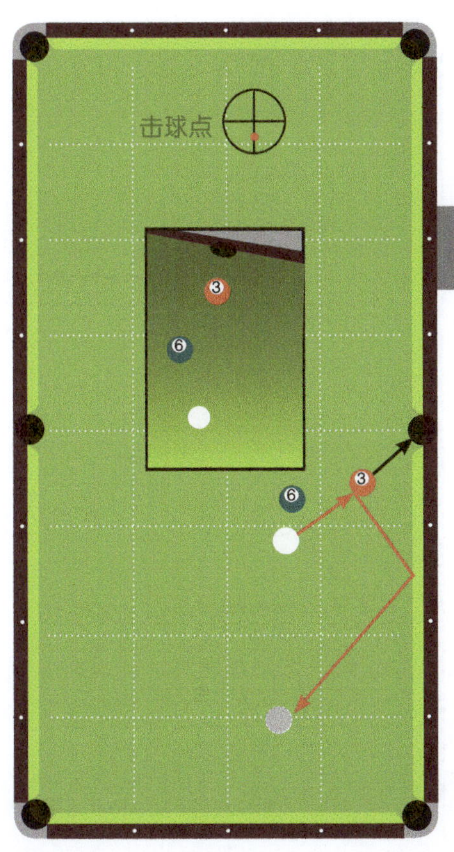

案例 3

3 号入中袋，白球走到 6 号下方

同样是近距离的搓球，找好角度就能一击搞定。

低杆搓球主要就是减少打有角度的球，而且在薄球后可以确定白球行进的距离。

8. 旋转球

通常情况下，旋转球主要是指左旋转和右旋转。白球击库后，左旋的线路比理论上的出入角线路偏左，右旋的线路偏右。

旋转球与扎杆球的最大区别就是杆尾（后手握着的方向），扎杆要高而旋转球杆尾要降低至与台面同水平线。

使用旋转球主要是为了白球击库后路线产生偏移，在不需要击库时，或击目标球不碰库时，是不需要旋转球的。

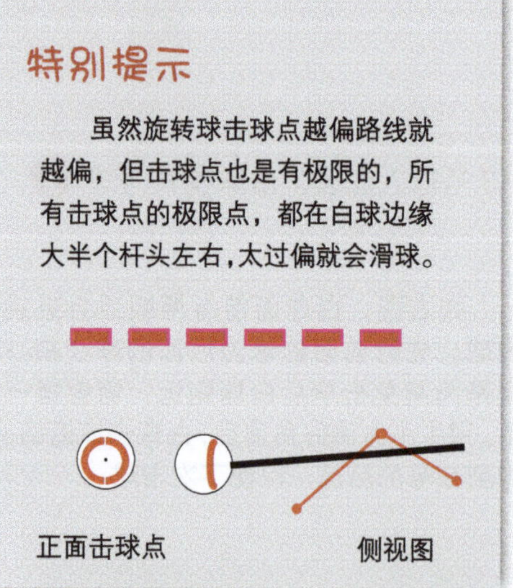

案例 1

白球击库反弹角度

旋转球作为扎球的延伸，有相似的地方也有不一样的地方。首先要知道，击球的位置与力度对白球运动路线有怎样的影响。

右图中，以中杆为对比，两边各有两个角度的球，这是一般情况下，白球行进的路线。

案例 2

低杆击球 

白球击库反弹。此时使用低杆，形成下旋转，白球和目标球之间的夹角小于 90° 。

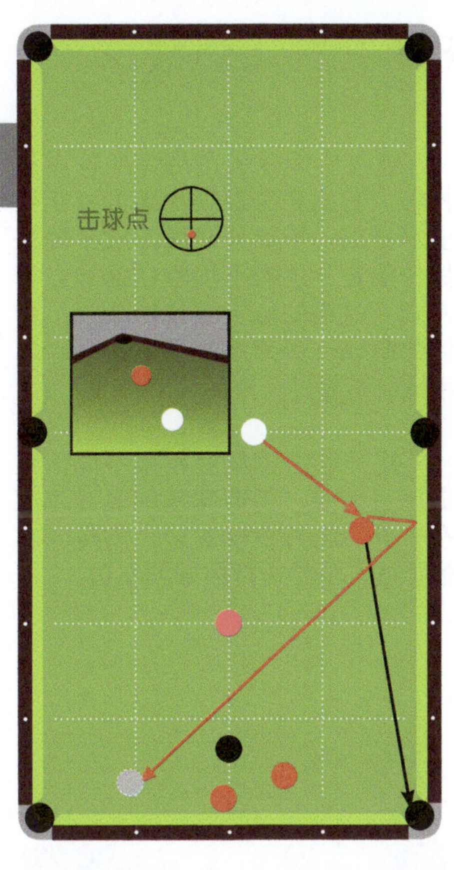

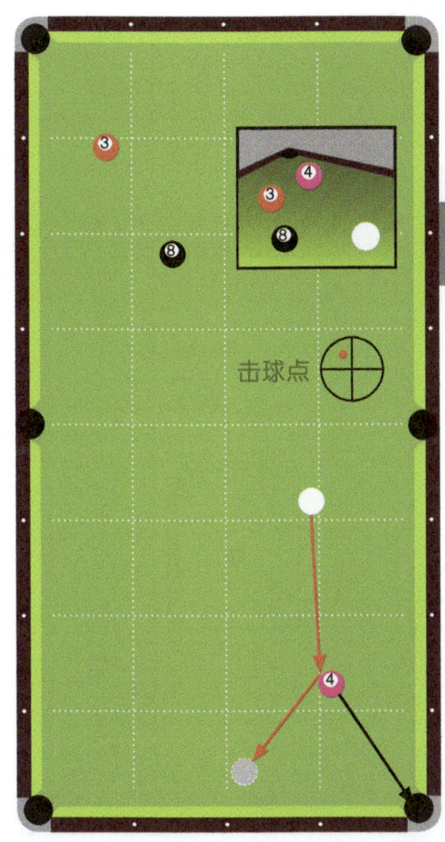

案例 3

顺、反塞

旋转球主要是为了校位，使用顺塞和反塞，球的行进路线会更宽广。

左图中，击球点在白球的左侧，球往左侧走就是顺塞。

8.1 扎杆（弧线球）

绕过中间球去击后面的球就是扎杆，它的姿势有很大差异，手架要尽量高，手指与台面形成平面来保持稳定（也有不接触台面的立杆方式，对手的稳定很有挑战），身体倾斜成一条直线方便去击球，后手握杆不要过于向后，不利于发力。

扎杆的击球角度稍微不同，在白球击球后，需要向左的弧线，应在一开始击打白球右边，需要向右的弧线，则是击打白球的左边。

特别提示

后手抓杆向前些，便于发力。扎杆弧线与球杆的倾斜角度有很大关系，后手抬得越高，球杆倾斜角度越大，弧线越明显。

从球杆方向看，击打点是白球中间靠下的位置。

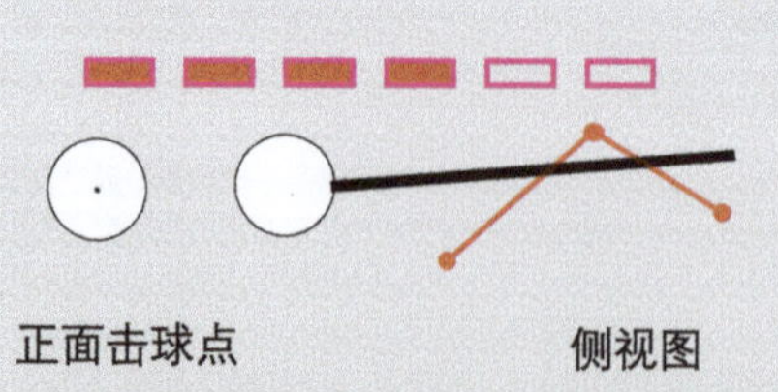

正面击球点　　侧视图

案例 1

白球击 3 号球入底袋，小弧线 

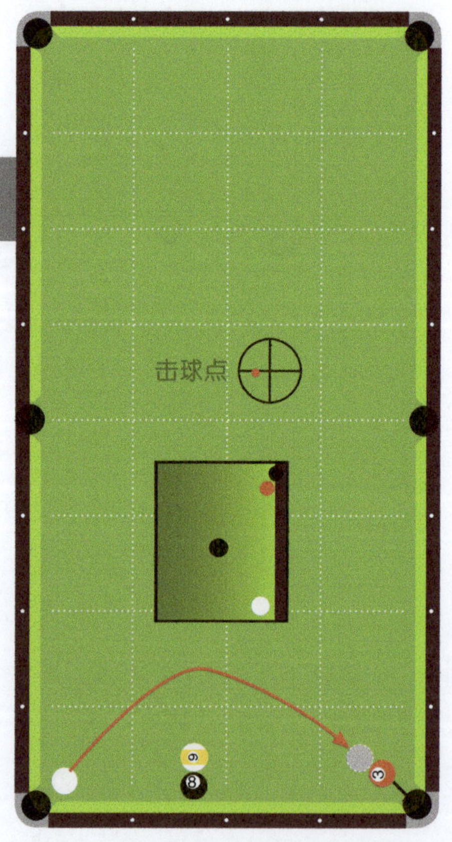

小弧线很常见，用小弧线解一些擦边球和击入某些袋口球还是比较容易的。

如右图，看上去和高杆吸库的弧线一样，但它们还是有差别的，需要右弧击球点就偏左，左弧击球点就偏右。

案例 2

目标球落底袋 

右图所示，主要是练习对角度弧线的准确性。在避开下方的障碍球后，走到底袋处击红球入袋。这对力度和角度的要求是很高的。毕竟扎杆多是在解球或目标球在袋口而直线进攻有障碍的时候才使用。要在有时间时熟练掌握，赛场上才能减少失误，甚至是不会失误。

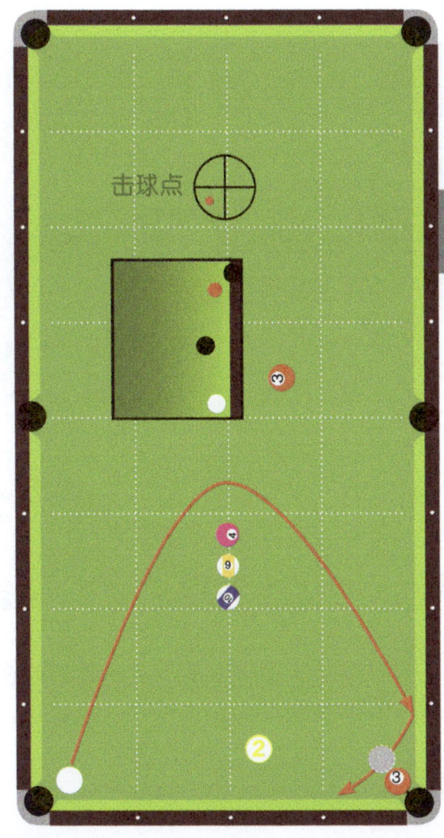

案例 3

目标球落底袋，U 型弧

U 型弧是在后旋达到非常强的情况下才产生的效果。一般情况下很难打出这种夸张的弧线。想要击出这种球，目标球必须在袋口边上极近的位置。当然，就算这样也需要多加练习。在球杆视线左下方快速大力击球，角度越靠下弧度越明显。

9. 跳杆

跳杆就是白球从障碍球上方跳过击打到目标球。把放在地上的篮球拍起来很多人都会，跳球的道理是一样的。

球杆和台面架出一定角度，瞄准球心，把球杆用力击向台面，白球就会弹起，球杆和台面的角度越大，球跳得就会越高。还要注意球杆要尽量指向球心击打。

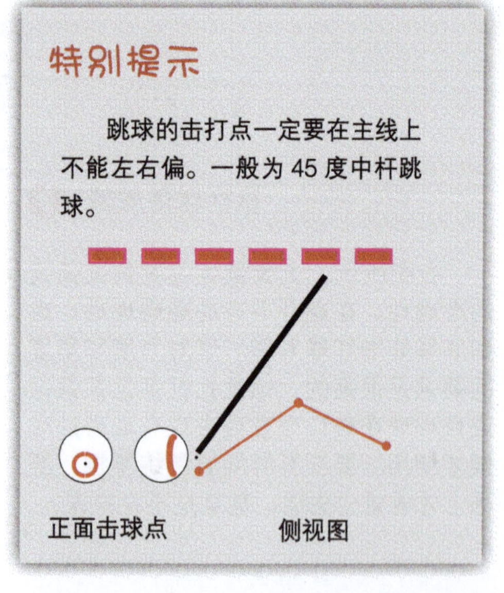

白球与目标球之间存在着一颗障碍球，这时候就要使用跳杆。

大力运杆击打白球，将白球击起在空中跳过障碍球。

跳过黄球后白球向前运动撞击目标球。

目标球进袋，白球撞库轻微反弹运动，黄球在原位置保持不变。

案例 1

白球击 3 号球入底袋后走到 8 号球后方 

这种方法可练习跳起的角度，在障碍球包围中跳出，并击打 3 号入库。

在跳起后还要确保角度正确，障碍物可以多种多样，摆出其他有挑战的形状一一尝试跳出和进球，最后可以挑战更高的技巧。

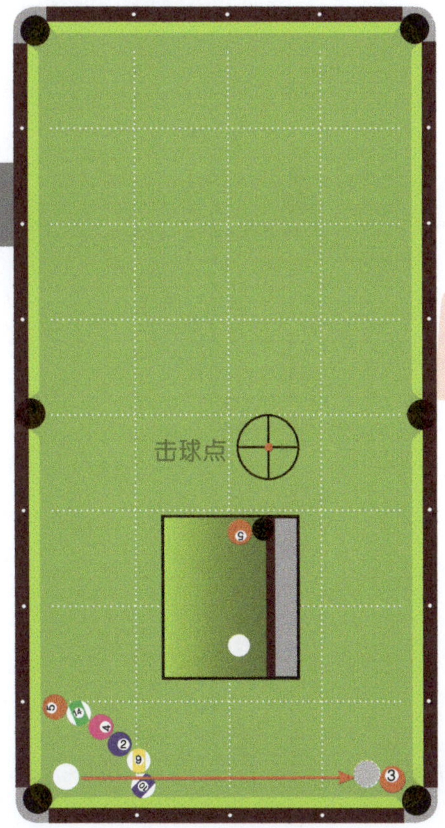

案例 2

白球跳过 3 号反推 3 号入底库。

右图中白球和目标球位置正好相反，只能让白球跳出来再把 3 号球击入底库。白球没有在跳球后前行，而是返回。这需要自身有非常强烈的下旋，可以用砸球的方法给白球加上下旋。

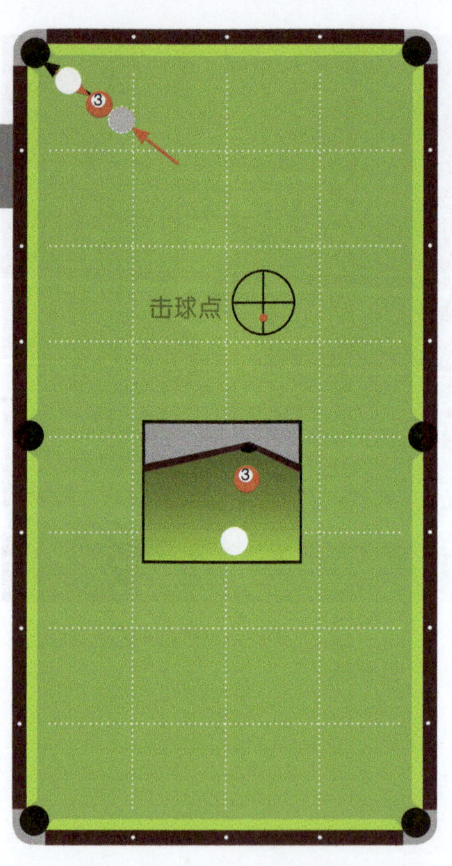

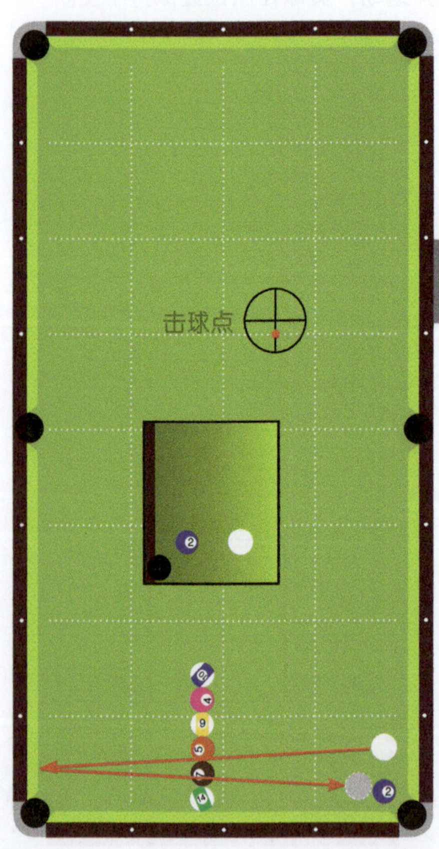

案例 3

白球跳两次进球

左图中，白球跳了两次把 2 号球击入底袋，对角度要求很严格，并不是抬成直角就能弹两下，45° 往上些再加上对白球下方的强烈击球才能成功，碰到障碍球和跳出台面都是失败。

案例 4

白球跳过 3 号直线击球入库

右图中白球和目标球间隔离一颗障碍球，用跳球杆斜下角度大力撞击白球，使白球跳起撞击 9 号球。

注意白球与 3 号球间有一球的间隔，这样的距离不会蹭到 3 号球。

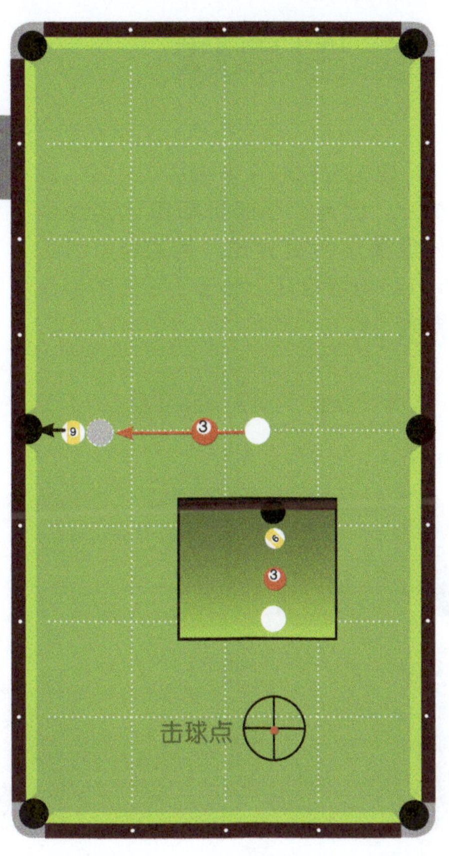

案例 5

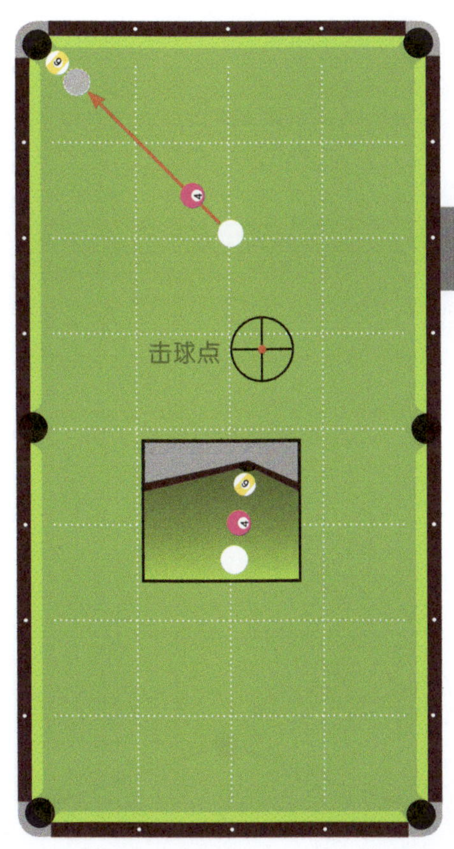

白球跳过障碍球击球入库

左图中，白球跳过 4 号球击打对角的顶袋球。在球台上，跳球时要考虑间距，白球与障碍球间要有一颗球的距离，以保证跳起的余地。

10. 围单球

练习围球时大多围打 7 分球（黑球），因为 7 分球是斯诺克实战中分值最高的得分球。其次是 6 分、5 分，取得这几个分值后取胜的机会就大了。

特别提示

因为 7 分球（黑球）是离库边最近的球，我们用库边走位会更方便。在最佳击球区域击球，进球的几率会大大增加，但不是说区域外就不能进球，只要力度、角度把握得好，半个台面任意点进球都可以。

10.1 7 分球

围 7 分球主要是为了熟悉在 7 分点打哪里更容易进两个顶袋。顺便熟练掌握 7 分点周围白球的常用走位。

案例 1

校球、走位基本原则 

如右下图，白球上方的红色虚线内是白球击球入袋的易控区，就是说白球在这个区域内不论是击球进袋还是走位都好掌握。

如右图，白球在 1、2、3 号位置时，可低杆击球。

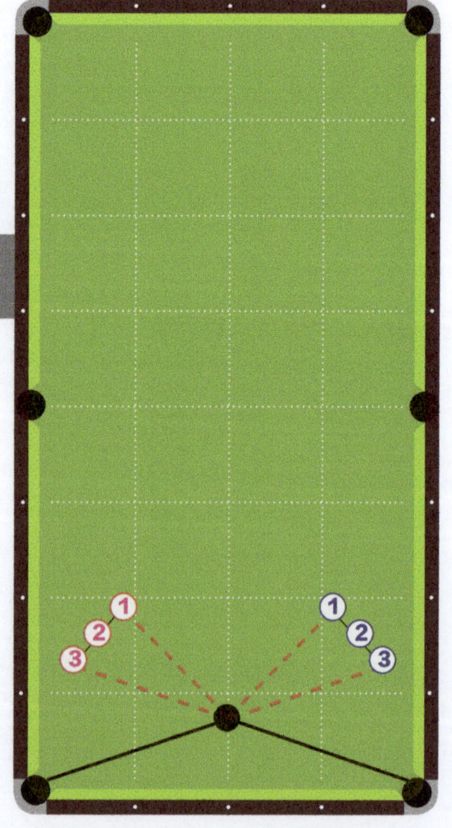

案例 2

高杆击球

用高杆击打白球，白球跟进，吃库反弹到原点的对称角位置。

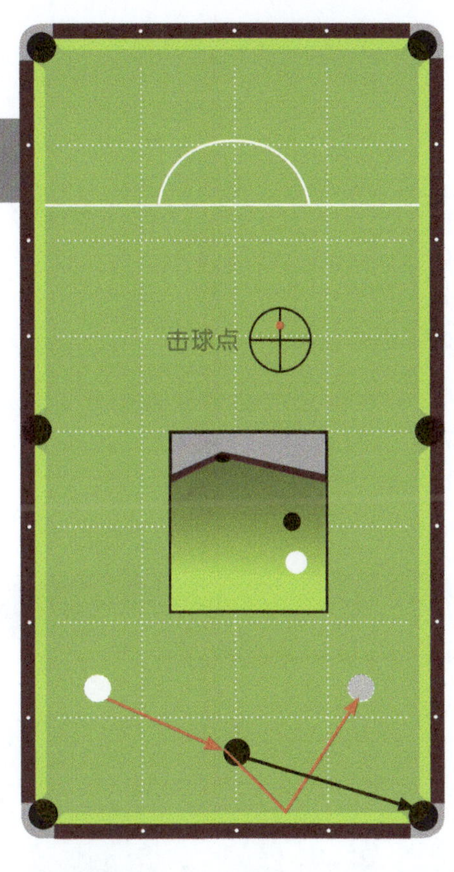

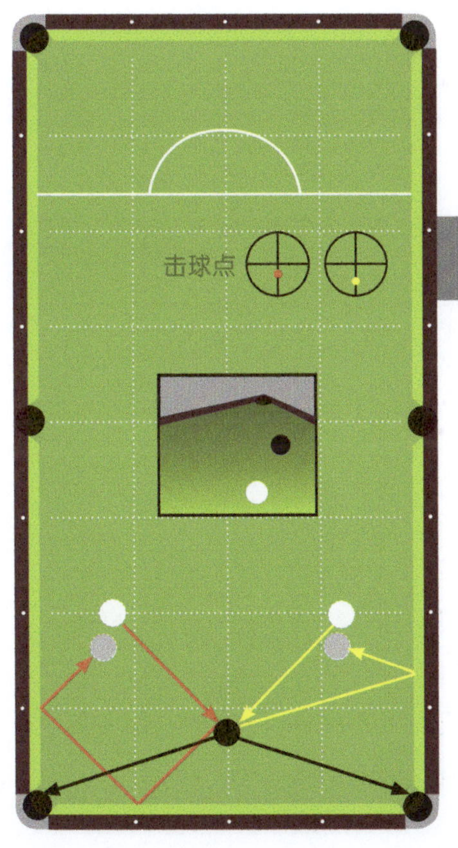

案例 3

低杆击球

如左图所示，用低杆击球，白球回到原位附近。

虽然都是低杆击球，但是击球点不同，白球的运动线路就差很多。红色线路吃两库回到原位附近；黄色线路则是利用强烈的拉杆使白球吃边库返回到原位附近。

10.2　6 分球

6 分球（粉球）是第二得分的彩球，赛场上出现不便击打 7 分球时，就可改为击打 6 分球。而且 6 分球的进袋口有顶袋和中袋，情况允许还可以击打底袋，因此，不得不说很有优势。

6 分球的球势大多集中在中袋附近。围绕粉球位的下位训练要兼顾角袋与中袋。

特别提示

由于 6 号球的进球范围很广，它的击球区域也是 4 角环绕型，这时就更要慎重考虑走哪条路线，避免不必要的损失。

6 分球最大的优势就是可以选择击打两个顶袋以及两个中袋。

案例 1

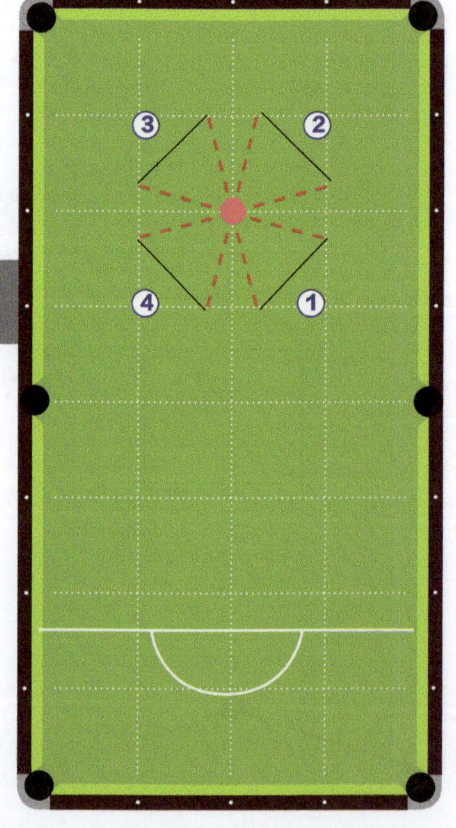

校球、走位基本原则

如右图，虚线处是最佳击打区域。6 分球不像 7 分球靠近库边，练习时最好也不要让白球碰库，借此来控制白球并熟悉 6 分球的各种击打角度。

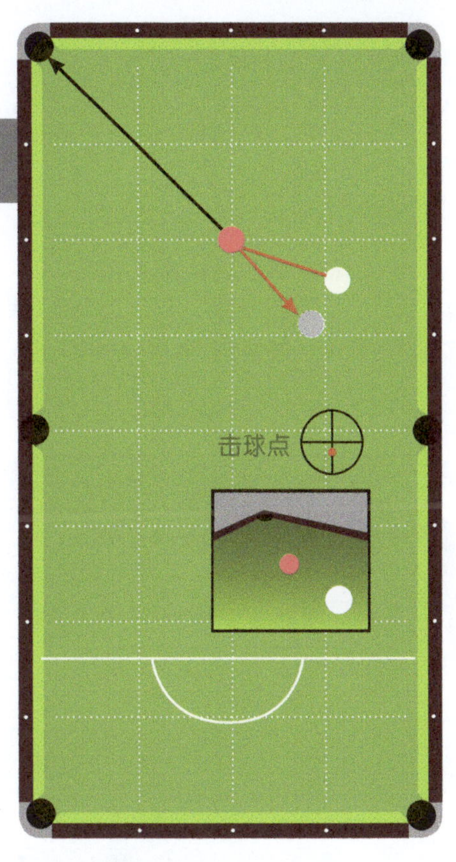

案例 2

低杆击球

如右图，用中低杆击打粉球（6 分），击打白球靠下的位置，把白球拉回到原来的位置附近，然后把落袋的粉球放回原位，连续练习击打粉球。

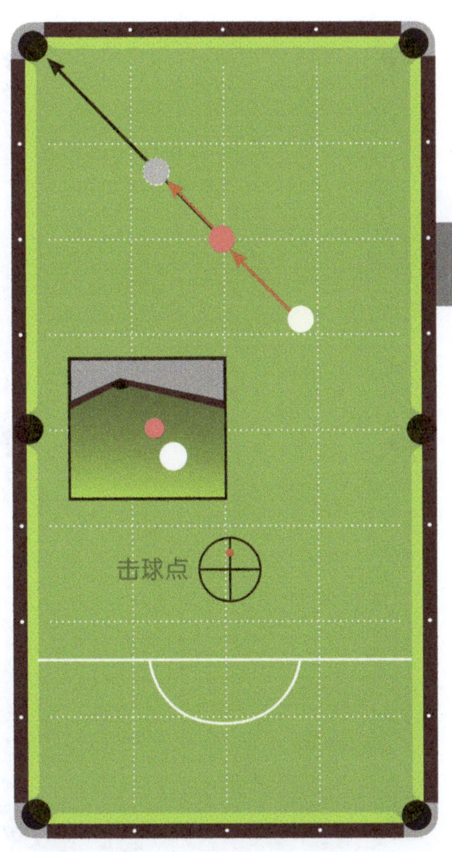

案例 3

高杆击球

如左图所示，在白球所示位置用高杆击球，白球击球后继续跟进一小段。

这时白球停留的位置比较适合击打粉球入中袋了。

10.3　5 分球

斯诺克中，5 分球被称为过渡球，在打 5 分球时，应当防止主球落袋或撞击其他球。

5 分球是场上线路最广的彩球，6 个袋子都是进球点。与 5 分球的唯一区别就是 5 分走全场，6 分走半场。

特别提示

由于 5 分球的定点在台面中心，6 个袋子都能进。作为过渡球（借 5 号调整白球位置），定点直线入袋是必要的练习。这有利于读者对基础动作的巩固，并且帮助读者提高控制白球走位的能力。

5 分的练习跟之前一样，但是因为走全场，走位稍有偏差，就可能带来严重后果。

案例 1

白球击蓝球入袋练习

如右图，由于蓝球（5 分）在台面中心，击球范围广泛，所以击球的区域不再局限为圆形。

练习时将白球放在圆圈内任意一点，击打蓝球入袋后白球停在圈内。

在练习后会发现，白球在一定角度击球入袋后，必须击库反弹才能回到圈内，这种难度的球需要大量练习才能确保成功。

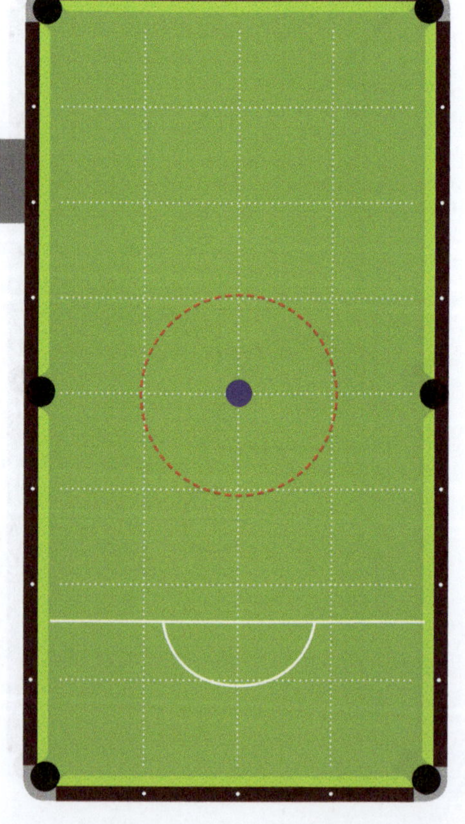

案例 2

中高杆击球

如右图，使用中高杆击打白球，白球撞击蓝球(5 分)的右侧使蓝球进中袋。击打目标球后的白球向下运动穿过绿球和咖啡球之间，吃两库反弹，回到半圆形击球圈里。

这是常见的一种路线，也是平常俗称的“过桥”，过桥就是指穿过开球区的三颗球的运动。这是有一定难度的训练。

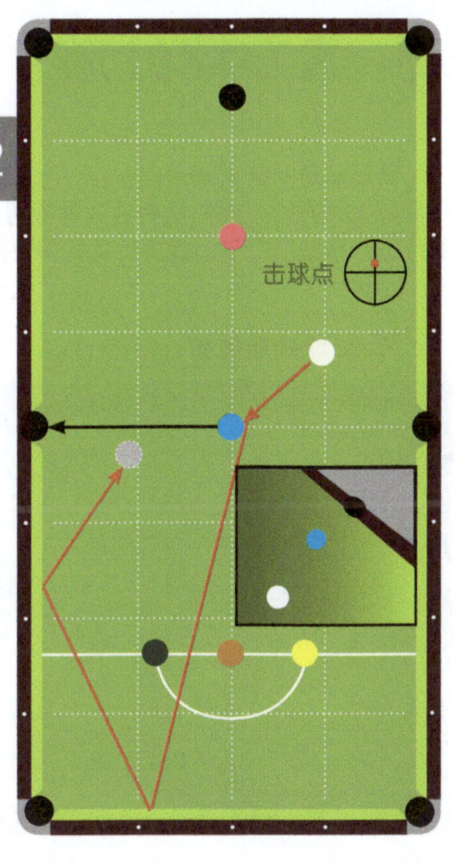

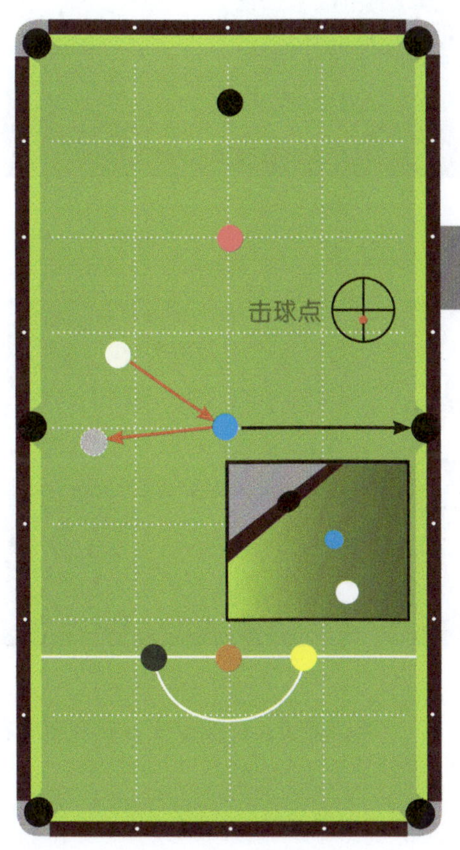

案例 3

中低杆击球

如左图所示，低杆击球，白球返回。

这样的击球方法很可能不小心使白球落袋，多多练习，掌握拉杆的力度，把白球校到合适的位置。

11. 清彩球分解

清彩球是斯诺克练习的重点，也是斯诺克台球赛中的结尾，从打完最后一组红球后校 2 分开始。因为没有红球做障碍，落袋后的彩球也不再拿回原位，所以白球的行进路线就很广了，就算位置稍偏也能调整回来。

▼ 彩球摆放位置

▼ 击球进袋

1

从击打黑球（7 分）校黄球（2 分）开始。

黑球进袋，白球改变运动方向到右侧位置。

2

校黄球（2 分），使用中杆击打白球撞击黄球。

黄球进底袋，白球改变运动方向到左侧位置。

3

校绿色球（3 分），使用低杆击打白球撞击绿色球。

绿色球进底袋，白球改变运动方向到右侧位置。

4

校棕色球（ 4 分），使用中杆击打白球撞击棕色球。

棕色球进底袋，白球改变运动方向到左侧位置。

5

校蓝球（5 分），使用中杆击打白球撞击蓝球。

蓝球进中袋，白球改变运动方向到右侧位置。

6

校粉球（6 分），使用中杆击打白球撞击粉球。

粉球进底袋，白球改变运动方向到左侧位置。

7

校黑球（7 分），使用中杆击打白球撞击黑球。

黑球进底袋，清彩球完毕。

11.1 2 分球校 3 分球

2 分球（黄球）进球后，白球要处于能容易击打 3 号球（绿色球）的位置。以下几种是常见的路线，要多多练习，增加成功几率。

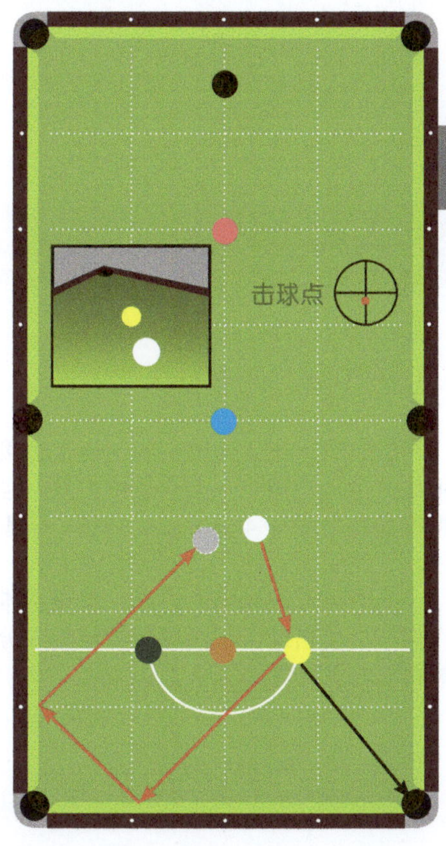

案例

中低杆

如左图所示，白球在 2 分球斜上方时，虽然没有遮挡球，但是要考虑 3 分球的位置。

中低杆击 2 分球入库后，白球击两库到 3 分球斜后方，为下次击球找好点，担心白球角度不够的话，可以稍稍加些右旋转，让球避免碰到 3 分球。

11.2　3 分球校 4 分球

3 分球（绿色球）与 4 分球（棕色球）之间没有遮挡球，且 3 分球与 2 分球位置是对称的，路线可以参考 2 分球。

不要忘了，下一球是 4 分球，击球的力量要有所控制或改变。

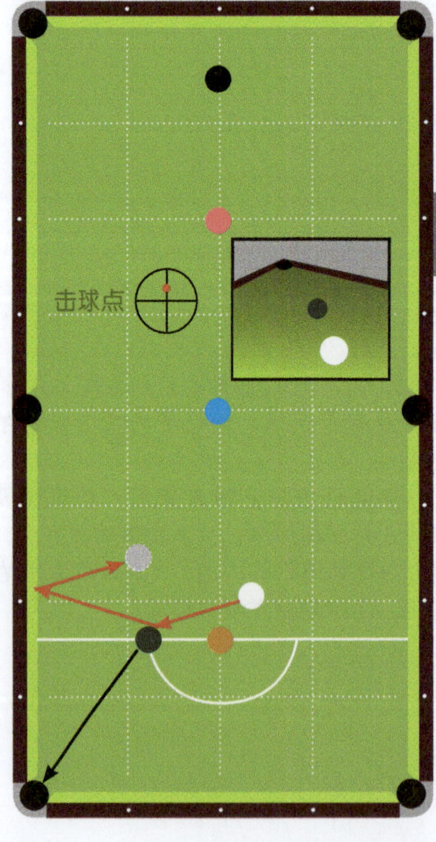

案例 1

推杆

如左图，与 2 分球一样，但是力度稍减，推杆击球到一个合适的位置，理想位置是白球与 4 分球和底袋呈一条直线。

白球再远一些也能进球，同样用推杆加些力度击球，让白球同样移到 4 分球斜上方呈直线。

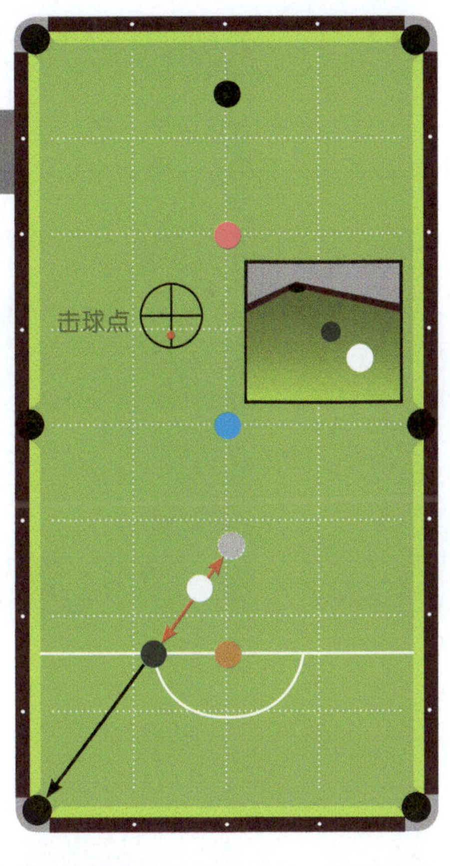

案例 2

直线球 

如右图示，白球与 3 分球呈直线，所以只考虑如何与 4 分球和底库连成一线，白球在击 3 分球后最好往回拉一下，所以用低杆击球。虽然还有其他方法，但是从整体考虑还是规矩些的好。

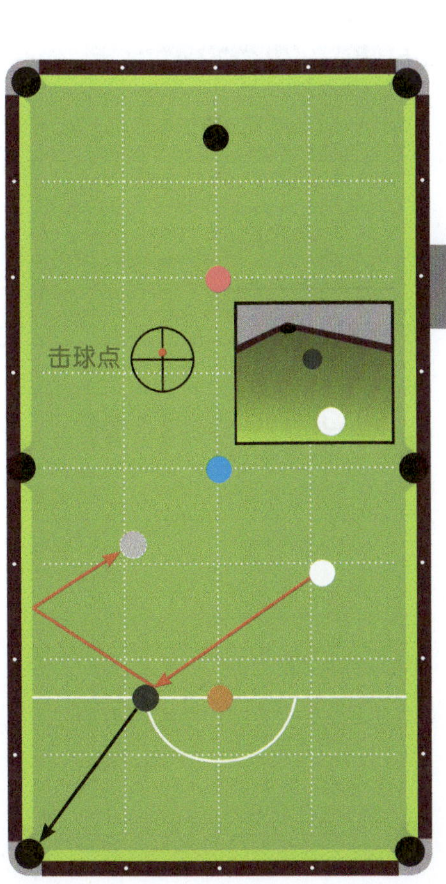

案例 3

中高杆击球

如左图示，白球距离 3 分球较远，同时距离库边较近，用中高杆击打白球，白球吃边库反弹。白球、棕球与袋口基本呈直线，这样便于击打。

11.3 4分球校5分球

T型去掉两边变成了I型，这时就到了考验基础的时候了，跟中式八球的直线蛇彩练习相似，要从头到尾地把彩球击入袋中。

案例1

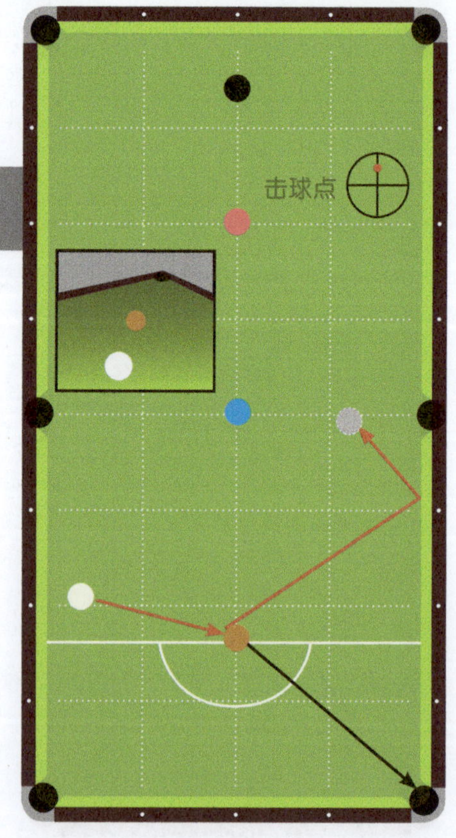

高杆击球

白球在贴近库边的位置，与棕色球（4分）不在一条直线上，这时就不能用推杆的方法了。使用高杆，棕色球进底袋，白球向上运动校蓝球（5分）。

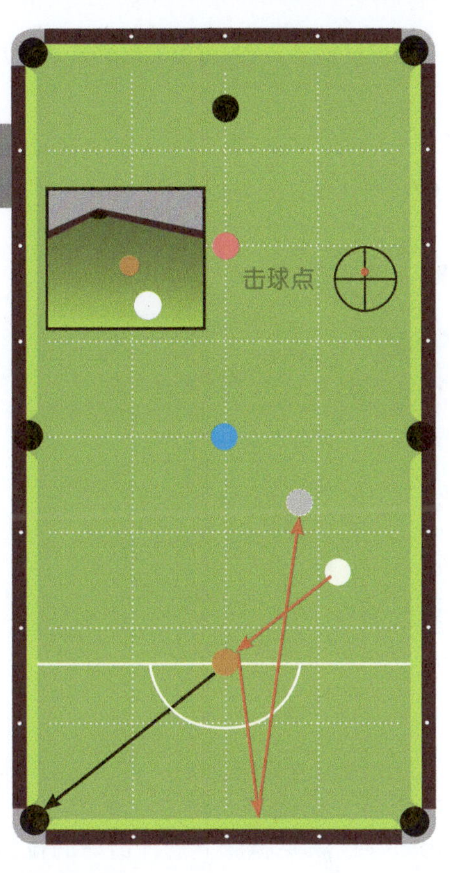

案例 2

中高杆击球 

如右图示，用中高杆击球上部，白球击 4 分球进袋后击库反弹到 5 分球右下方。

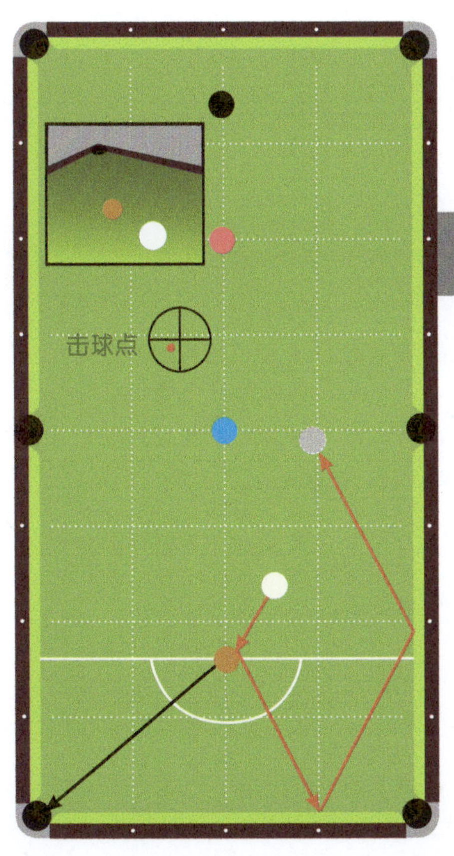

案例 3

中低杆左旋转

如左图示，中低杆左旋球，击球角向上。

白球在 4 分球上方稍偏些的位置，这时用中低杆左旋球，超 45° 的角度击打白球，走的角度很小，急转到 5 分球斜上方。

11.4　5 分球校 6 分球

5 分球（蓝球）是场上线路最广的彩球，6 个袋子都是进球点。6 分球与 5 分球的唯一区别就是 5 分走全场，6 分走半场。

5 分的练习跟之前一样，但是因为走全场，走位稍有偏差，就可能走全场而导致需要调整下一杆击球的位置。

案例 1

中袋直线球

如右图示，用低杆稍稍拉回些，白球最佳位置是与 6 分球和顶袋呈直线而又不靠近库边。

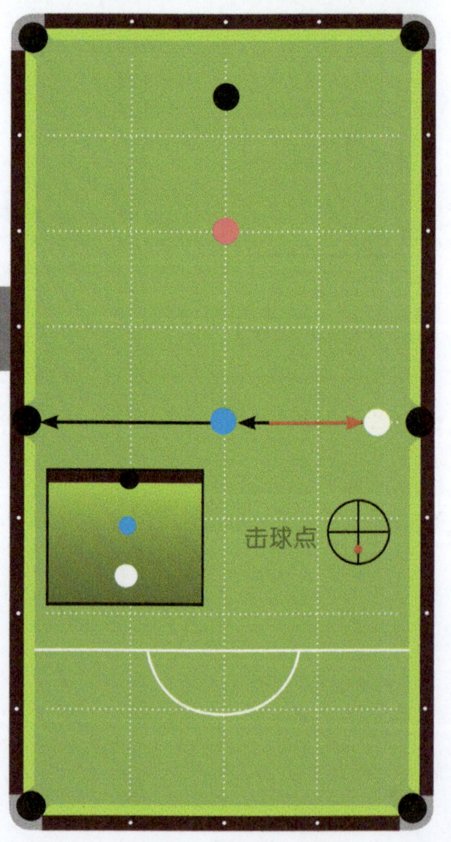

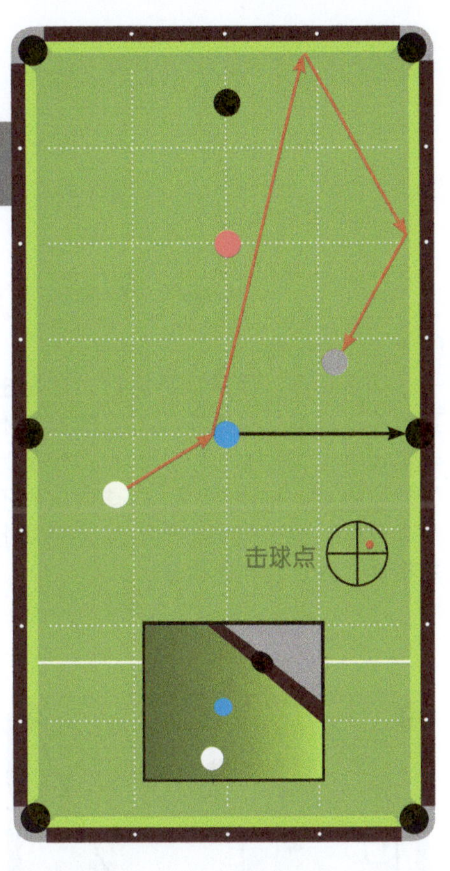

案例 2

中高杆击球，两库回

如右图示，中杆右旋转或者用中高杆右旋转，击球角度大时，白球撞球后很难在短距离内停下，这时，击两次库帮助白球停下。旋转是为了白球向球台中央多走一段，去够 6 分球。

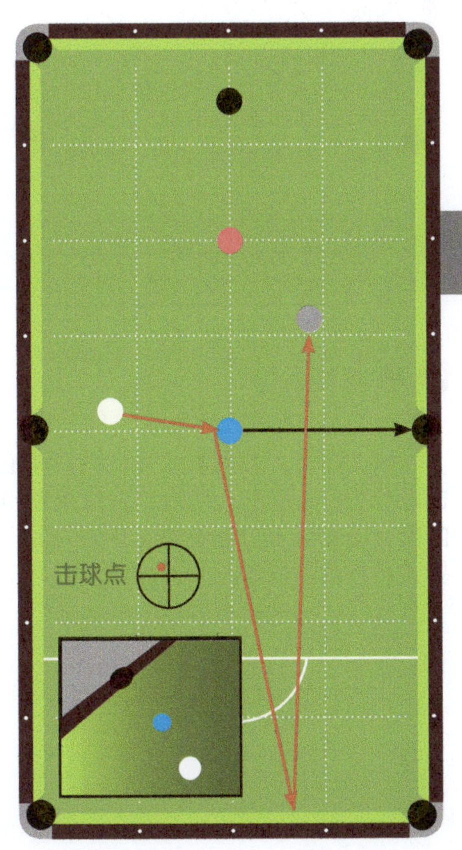

案例 3

中高杆左旋击球

如左图示，白球在 5 分球左偏上时，用中高杆左旋转击球，吃库向左偏转，避免白球离 6 分球太远。

这种角度的球对旋转、力量的要求较高，需要具备一定实力再来挑战。

案例 4

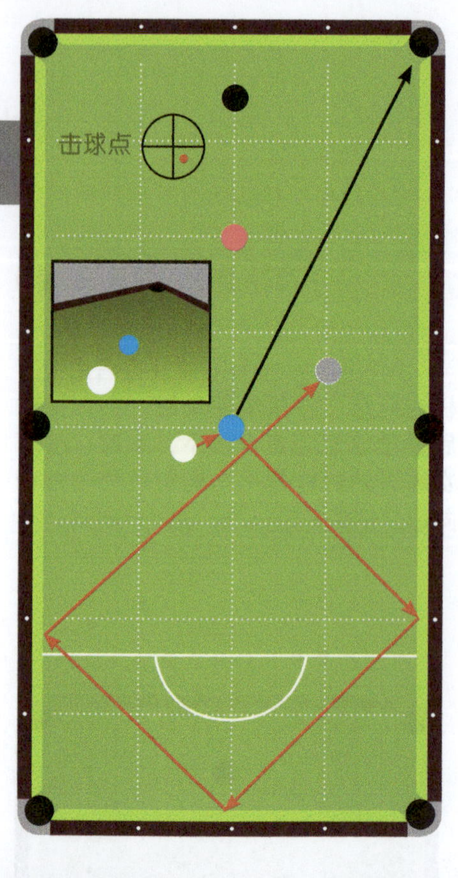

中低杆右旋击球

如右图示，使用低杆击打白球撞击蓝球击入顶袋，白球击三库返回原位附近靠近6分球位置。有时候加右旋是为了矫正路线，使用中杆，白球肯定到不了高分区，但是低杆却有可能，再加上右旋转，路线有明显改变。

案例 5

中低杆击球

如左图示，使用中低杆击打白球撞击蓝球（5分）击入顶袋，白球跟着也向前运动靠近6分球位置。在击打时，要注意力量的控制。

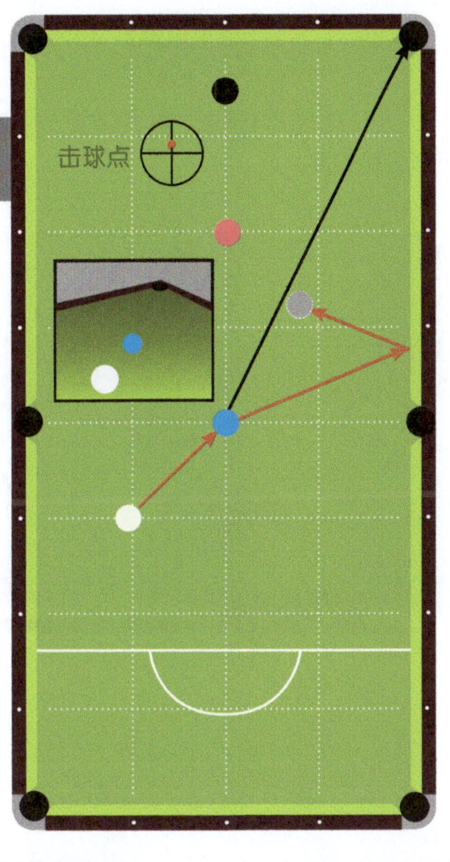

案例 6

中高杆击球

如右图示，白球还在 5 分球进球的反向延长线附近。

使用中高杆击打白球，使白球撞击蓝球，篮球进袋，撞击目标球后的白球向右运动吃库反弹到 6 分球进球线反向线附近。

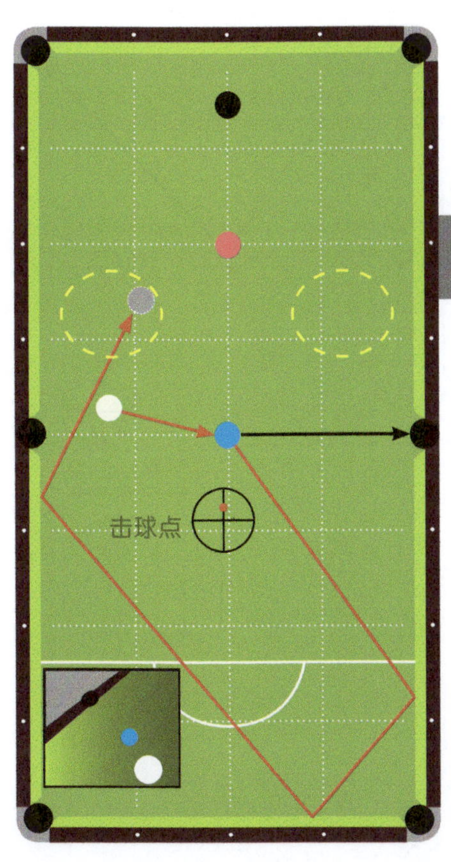

案例 7

高杆击球

如左图示，蓝球距中袋不远，白球也在最佳击球点位上，但是击球后白球需回到 6 分球附近，而不是因为力量抵消完停在其中一个库边处。

此时，使用高杆大力击打白球撞击蓝球，蓝球进袋，白球向上旋转吃库反弹到 6 分球的附近。

图中，黄色虚线椭圆区域是职业球员偏好校球的区域。

11.5　6 分球校 7 分球

6 分球是半场球，主要就是进同侧的底袋。由于要围着 7 分转，6 分走位的范围不大。

案例 1

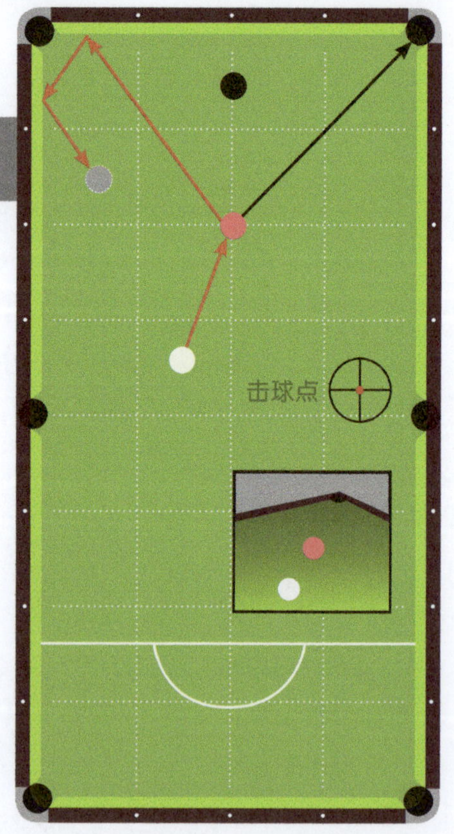

中杆击球 

如右图示，白球斜上方击粉球（6 分），这时用中杆或中低杆。击两库回到理想击球区域。

使用中杆击打白球，白球撞击粉球的左下角，使粉球进袋，撞击目标球后的白球向上运动吃库反弹至另一库边，吃库后再次反弹。

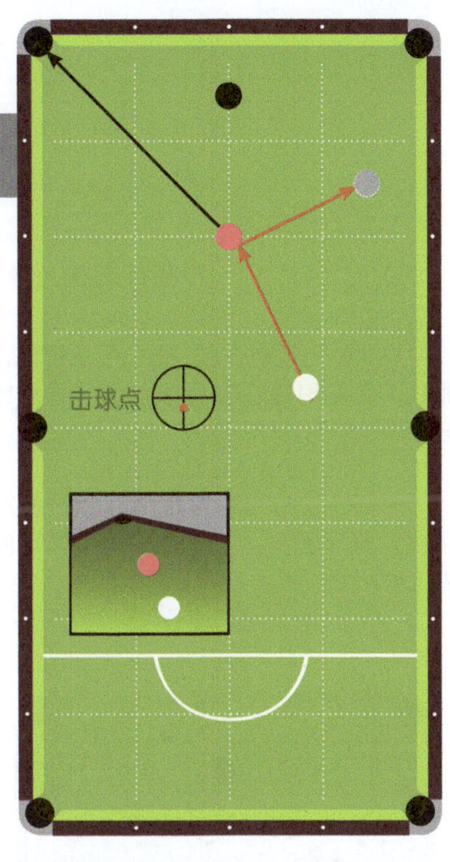

案例 2

中低杆击球 

如右图示，白球与 6 分球不在一条直线，有一个向下的小角度，这时可以用中杆或中低杆校 7 分。

如果在一条直线上，可以用中高杆击球。

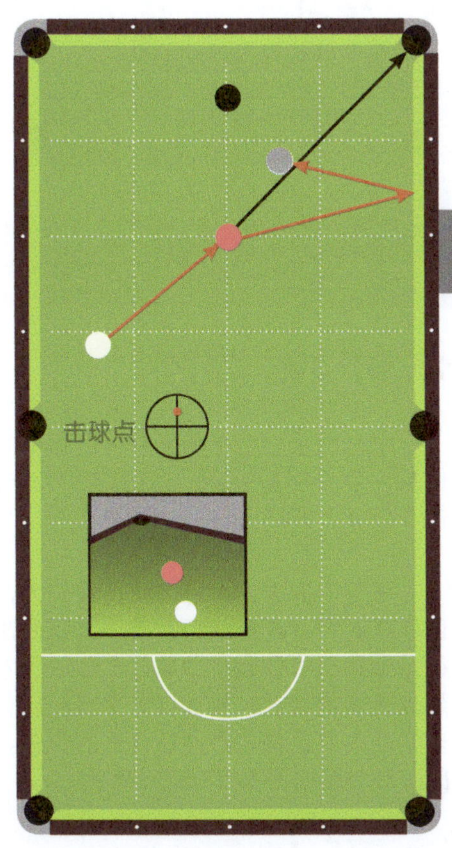

案例 3

高杆击球

如左图所示，白球在靠近中袋的位置，与 6 分球和顶袋接近直线。这时用高杆击球，白球击库后在对面校 7 分球。

案例 4

中高杆击球

在台面上只剩下黑、白、粉三颗球，相比 5 分球时还要加杆法，这种路线比较简单。中高杆球不会弹到奇怪的位置。

中高杆击打白球，使白球撞击粉球中部，粉球进袋，白球击打目标球后向左上方运动。

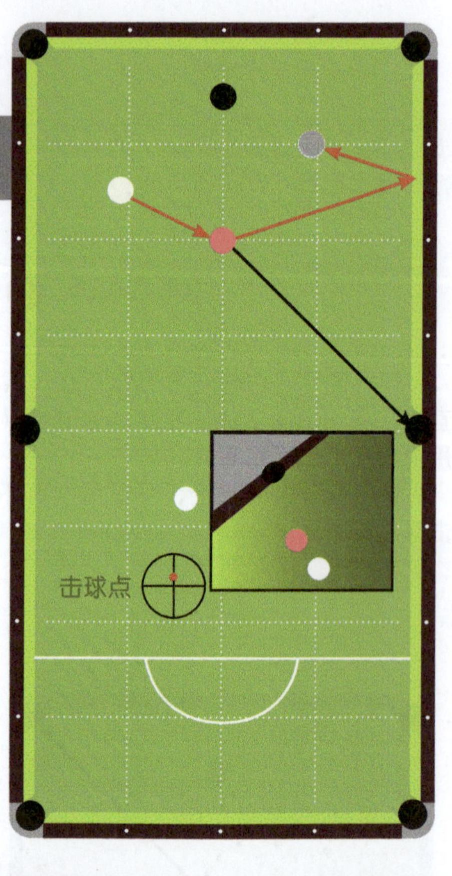

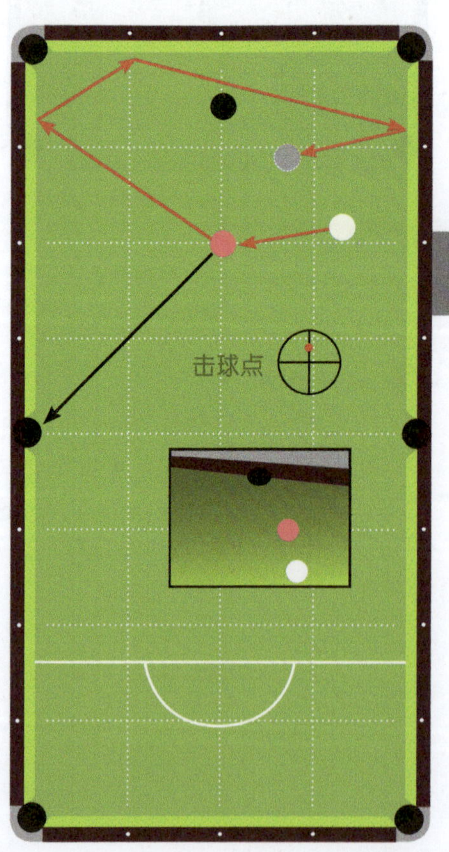

案例 5

高杆击球

如左图示，6 分球在半场上正中间位置，为了击球后白球方便去校 7 分球，击 6 分球入中袋。

用高杆击球，如果白球角度较大，目标球的行进距离就相对较小，而白球行进距离相对较大。白球与 6 分球反向延长线角度略大，两球接近平行。只有多借助库的反弹才能停在合适的位置。此时对力量的要求相应就提高了。

案例 6

中低杆击球，两库回 

如右图示，用中低杆击球，白球击 6 分球后击库弹到 7 分球左下方。

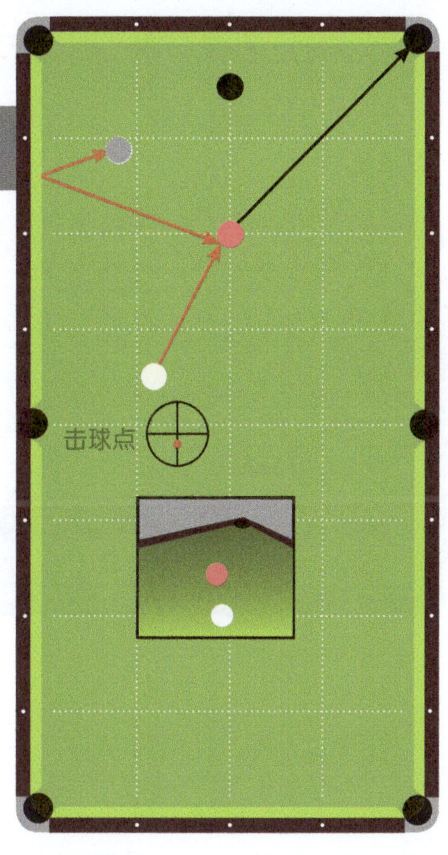

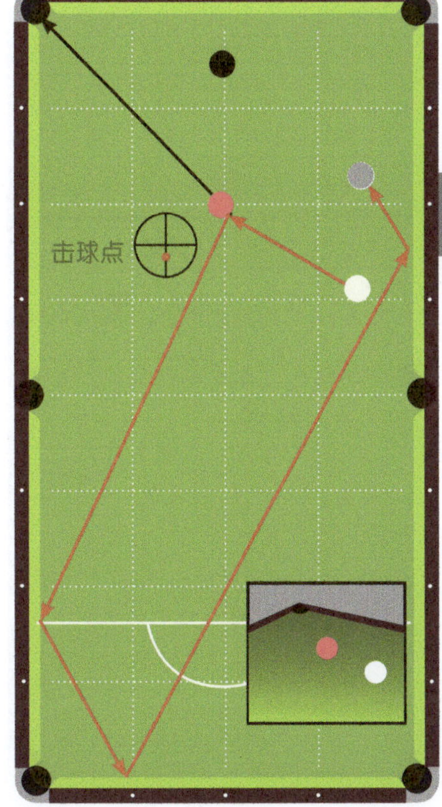

案例 7

低杆击球

如左图示，白球还是在 6 分球附近，但是不用中杆而是用低杆，这样击球后白球的路线就不在中袋附近而是走到相对安全的中间区域击库反弹。这样的路线更为安全，唯一不好的是击库有可能走不到理想点。

11.6　7 分球校 2 分球

7 分与 2 分差着 5 分，距离也相差很远。走位太长，且白球的位置在 7 分球左右。

案例 1

中高杆击球

如右图示，白球位于 7 分球的右侧。这时用中高杆或中高杆左旋转击球。

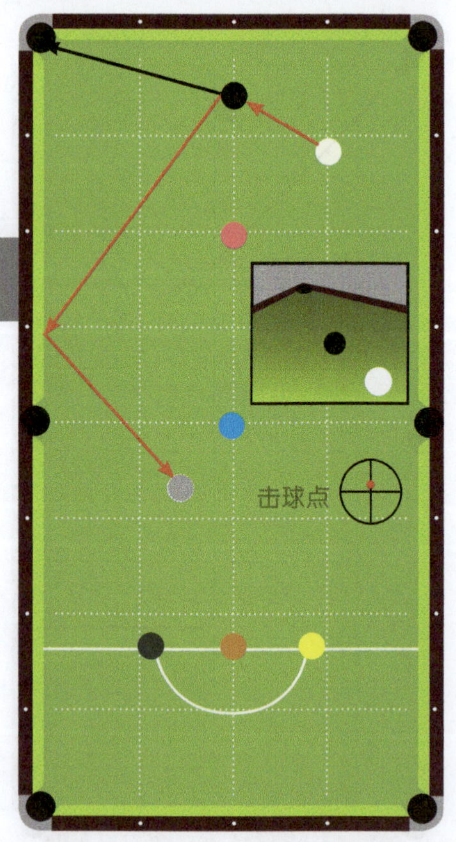

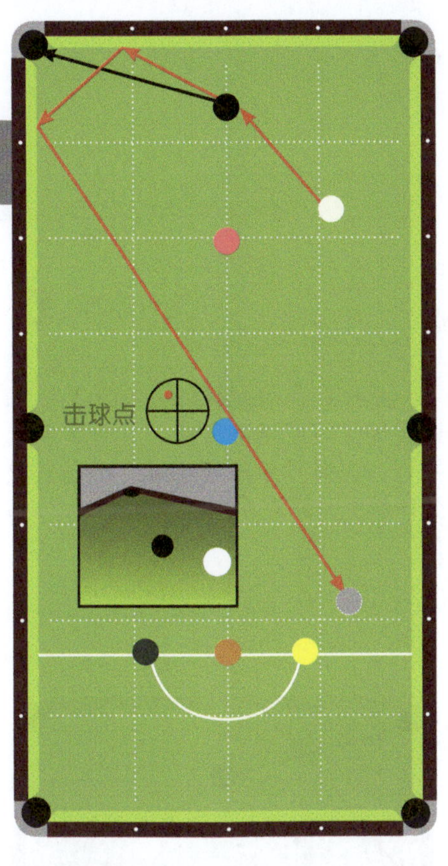

案例 2

高杆左旋转击球

如右图示，白球在 7 分球的右边，由于白球角度太小，要加反旋转发力，准确度要求较高，在 2 次击库后校到 2 分球对角底袋。这样，接下来校 3 分球的难度又增加了。

案例 3

中高杆击球

如左图示，白球在 7 分球右侧，用中高杆或高杆击打，擦 6 分球去校 2 分球，注意不能碰到 6 分球。

案例 4

中高杆击球

如右图示，白球与 7 分球（黑球）连线成直线或接近直线，与顶库接近平行，这时用中高杆击球，白球在 2 分球斜上方停下。

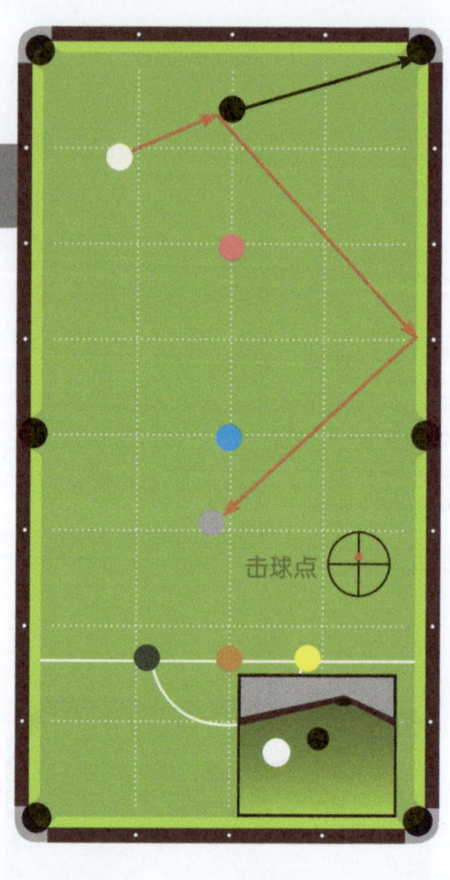

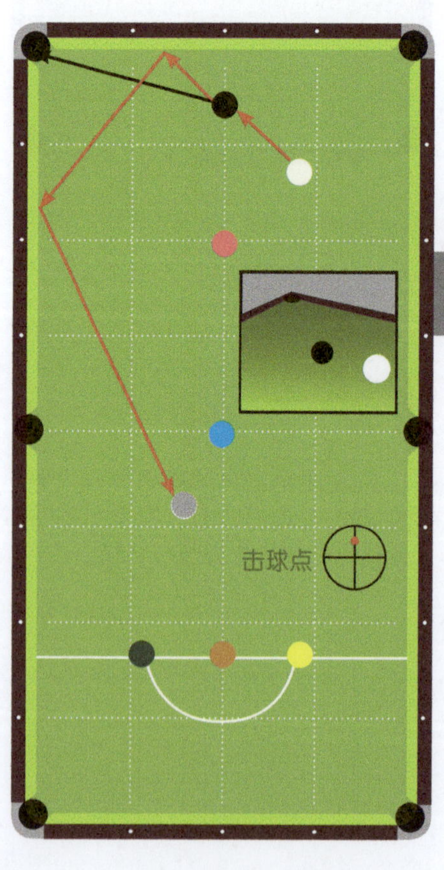

案例 5

高杆击球，黑球落底袋

这个线路白球的位置靠下。用高杆或高杆左旋转击白球，路线稍短。

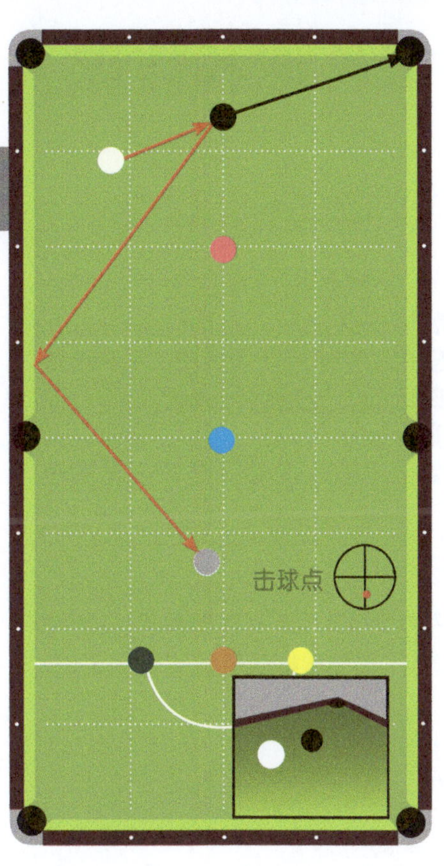

案例 6

中低杆击球

这条线更要注意低杆的强弱，在低杆或中低杆左旋转时，杆位太低白球会停在 5 分球和 6 分球之间，造成障碍球。

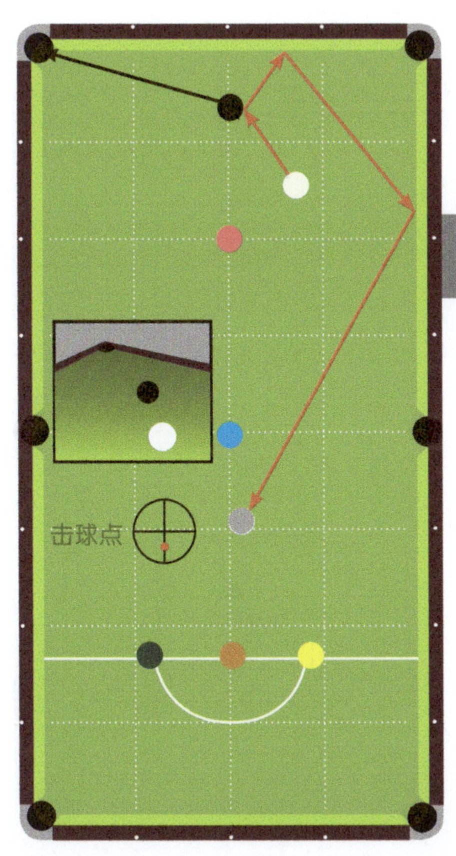

案例 7

低杆击球

这个路线用低杆或中低杆右旋转，加旋转可以越 5 分球和 6 分球，不过走哪条路都要注意避开 5 分球。

12.K 球和炸球

12.1 K 球

K 球是指白球在击打目标球后撞击其他球，在斯诺克中多有应用。K 球的主要目的是，改变白球的方位路线用来停白球；改变目标球的方位，让目标球停到更合适的位置以便做下一轮的击打目标。

K 球不光是在进攻中有运用，在防守的时候也要控制白球的位置,所以要根据球形位置灵活掌握。

特别提示

K 球和炸球都是利用杆法和力度控制白球的路线，撞击其他球，改变白球线路或打散球堆。处理得当的话，可以很连贯地打到结尾。

K 球要求的更精细，更讲求技术。炸球则更侧重把球堆打散，创造机会。

案例

K 球练习

在 7 分球和 6 分球正中间加一排红球，横向平均 5 颗。白球从底库宽的四分之一处开球，用尽所学的杆法去 K 这 5 颗红球。尝试后会发现，K 球是有极限范围的。

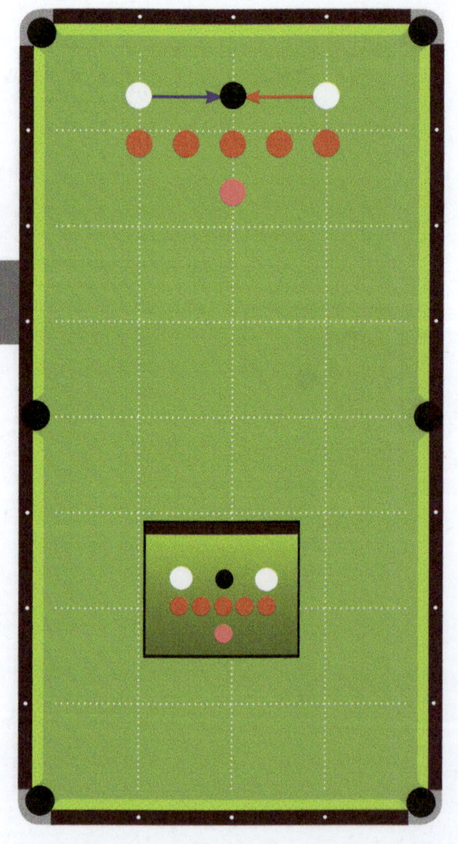

12.2 炸球

炸球是冲开球堆，创造继续进攻的机会。炸球靠的是白球的力量撞击红球堆，以致红球堆散开。不论用什么杆法，只要白球撞击红球堆的速度足够就能散开。

▼中低杆击打

在预备姿势中低杆击打目标球，注意力量的控制，以及准度，避免力量过大将球击出桌台外，同时也要避免力量太小不能将球炸开。

蓝球（5 分）直线运动进中袋，白球向上运动转向红球堆。

如图所示，蓝球（5 分）进袋，白球运动到红球堆的位置撞击红色球。

白球撞击红球球堆，红球堆炸开。

最后，红球堆完全被炸开，这就是炸球。

案例 1

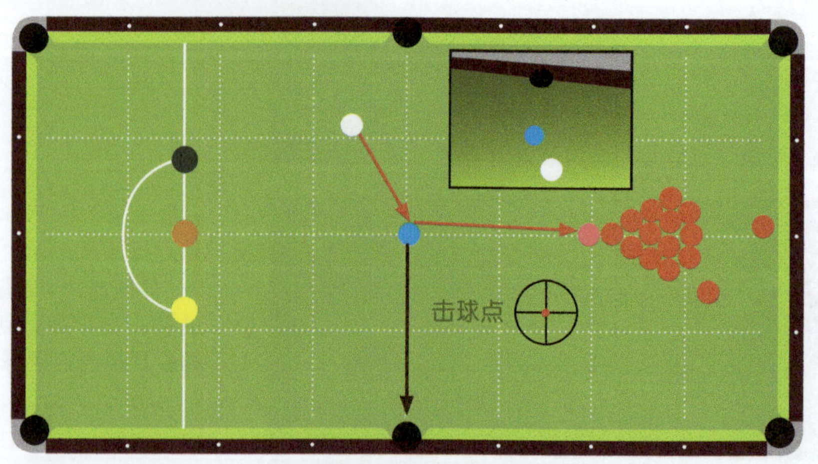

中杆击球

在库边站位，使用中杆击打5分球，使5分球进袋，白球向前方行驶撞击红球堆把球炸开。

案例 2

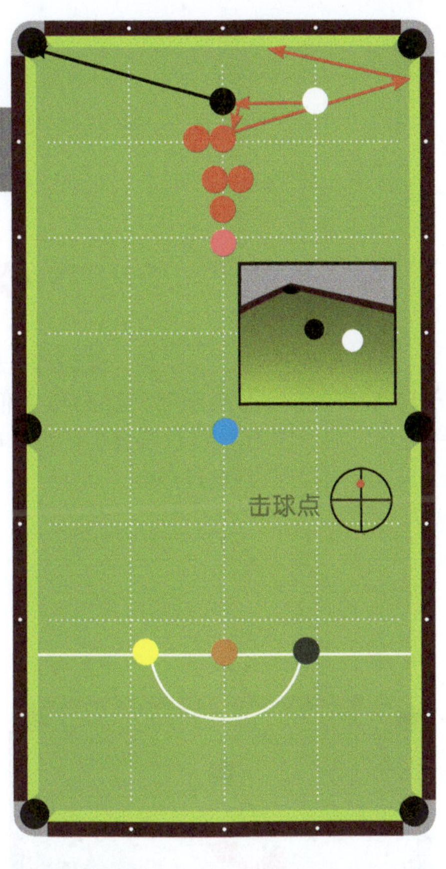

7 分炸球

如右图示，在红球排列较整齐时，根据距离使用中杆或中高杆炸球。如果用低杆炸球的话，白球击球后会弹回本侧，击库后停在底库边，这样不能继续击打红球。

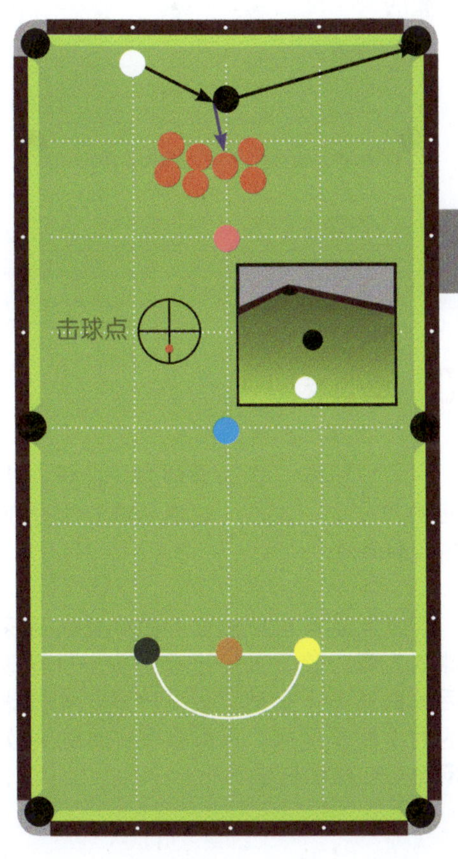

案例 3

7 分炸球

如左图示，白球靠近顶库，用低杆炸球击散红球堆。

使用低杆击打白球，使白球撞击黑球（7 分）右上方，使 7 分球进袋，撞击后的白球改变运动方向至红球堆，将红球堆炸开。

案例 4

5 分炸球

白球在横台四分之一处，离蓝球（5分）的水平线较远的距离，这时用中低杆击球，白球击蓝球后直接撞上粉球（6分），利用粉球震散红球堆。

案例 5

5 分炸球

如左图示，红球堆偏左，白球在横面的四分之一左右，这时用高杆或稍加右旋转炸球。

使用高杆击打白球，白球撞击目标球的左侧，使 5 分球进袋。撞击目标球后的白球向下运动穿过 3 分球与 4 分球的的中间吃底库，反弹至另一库边再次反弹至红球堆将球炸开。

案例 6

5 分炸球 

如右图示，白球在 5 分球斜上方，这次用低杆顺杆炸球，加左旋转是为了白球顺利从 2 分球和 4 分球间穿过。

低杆击打白球，白球撞击目标球的左侧，使目标球向左运动进袋。撞击目标球的白球向上旋转穿过 2 分球与 4 分球的中间吃库，反弹到另一库边，再次吃库反弹至红球堆，将球炸开。

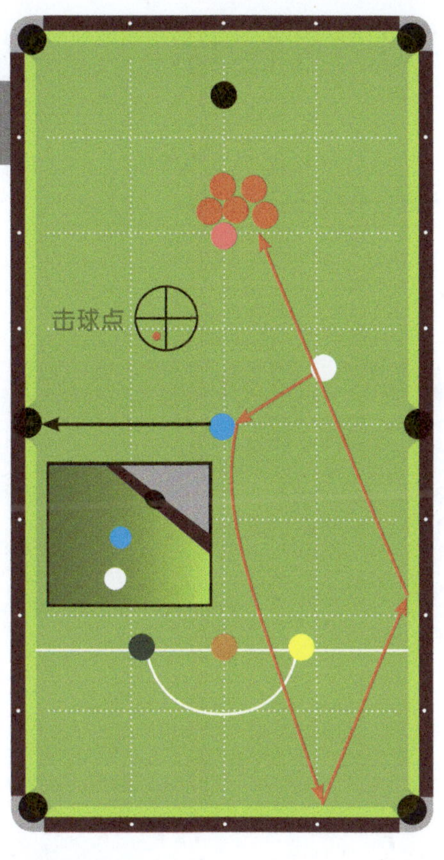

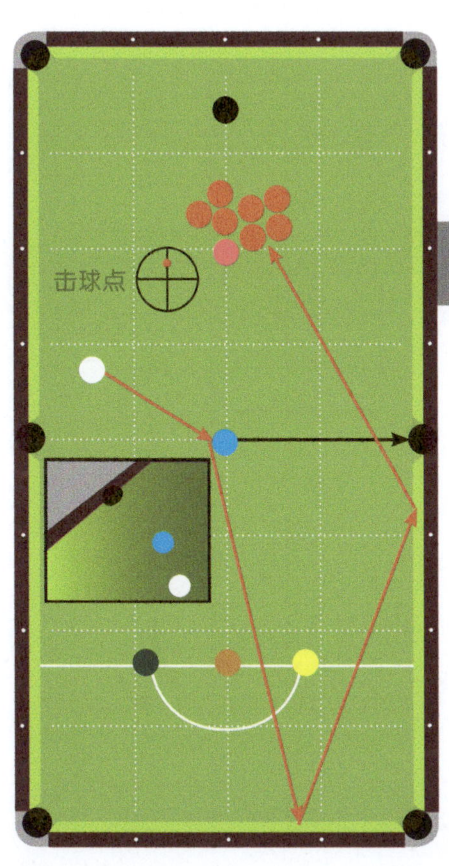

案例 7

5 分炸球

如左图示，在这个位置时用高杆顺杆炸球，红球偏向左侧，击两库从左侧击散红球较方便。

使用高杆击打白球，白球撞击 5 分球的左侧，使 5 分球进袋，白球撞击目标球后向上运动，穿过 2 分球与 4 分球的中间吃顶库，另一库边，再反弹到红球堆将球炸开。

13. 组合球

组合球指两个及两个以上的球挨在一起，一次击打到的球。

特别提示

在开球后几回合，红球堆基本就散开了，如果解球堆失误就会给对手机会，所以在职业赛中，很多人就算有失误的危险也要解单球。

案例 1

自然角 

如右图示，两颗球紧贴在一起，成为一条直线。

这种球不能从侧方击打，容易给前面的球加上侧面的力度，跑出进球范围，要利用贴着球的连锁效果击打。

黑色是预想行进路线，红色为实际行进路线。

右边的白球击球角度偏大，左边是矫正过后的路线。

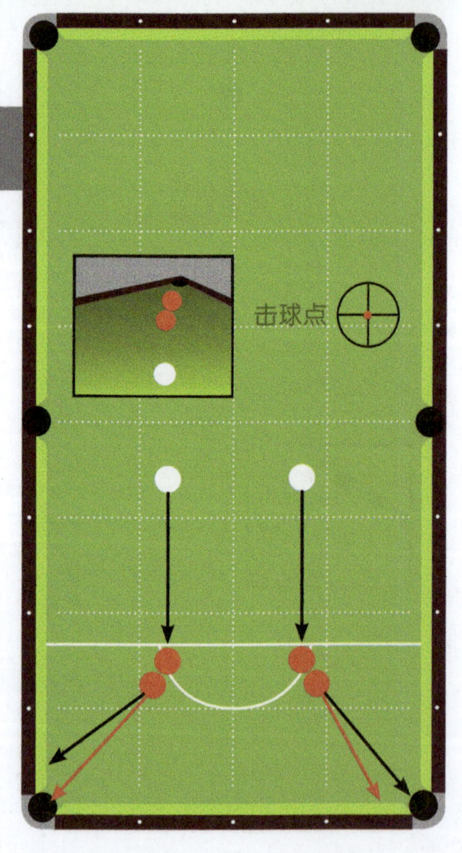

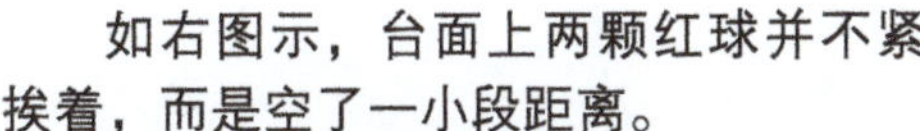

案例 2

传球

如右图示，台面上两颗红球并不紧挨着，而是空了一小段距离。

这时，用白球撞击靠近自己的红球，带动这个红球撞远处的红球，使远处红球进袋。

这种球型要注意两颗红球的距离不能太远且正对袋口，要不就是袋口方向的球离袋口很近。

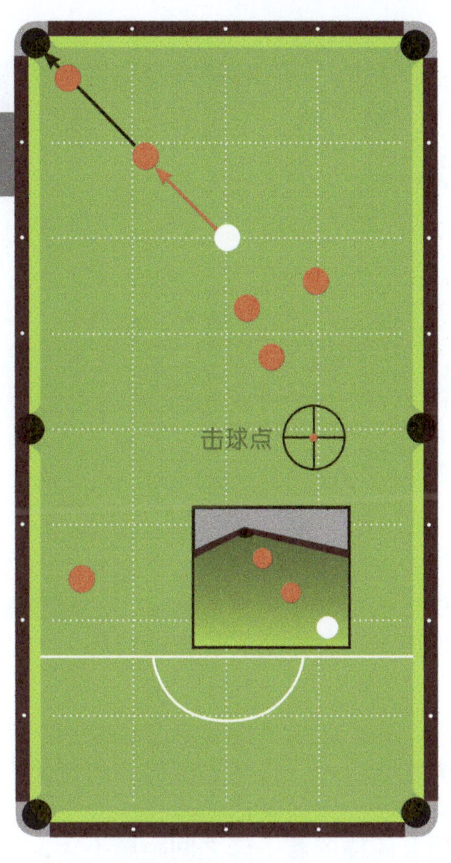

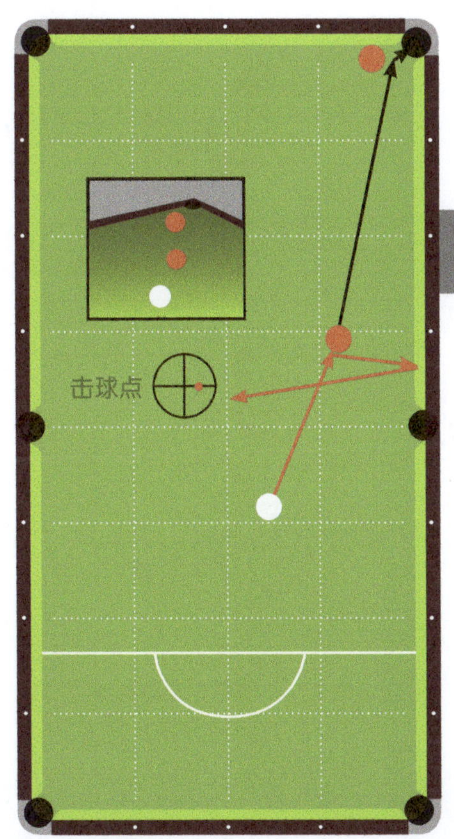

案例 3

借下

如左图示，目标球不能直接进球，且进球的线路窄小易失误，但是袋口附近有球，这时用目标球撞击袋口附近的球，再反弹进袋。

这里所谓的借下就是借路而过的意思。

斯诺克台球中，开仑是指白球在撞击活球（任何根据规则能够首先被白球撞击的球）后改变线路，去撞击第二颗球（或陆续撞击多颗球），最终实现进球和防守目的的击球技巧。

开仑在实战中并不是很常用，因为在实战中，需要遇到较好的使用开仑的机会，如果白球运行距离不长，相互碰撞的若干球之间距离不大，是可以考虑使用开仑的，如果距离过长，对白球走位的控制就要求很高了。

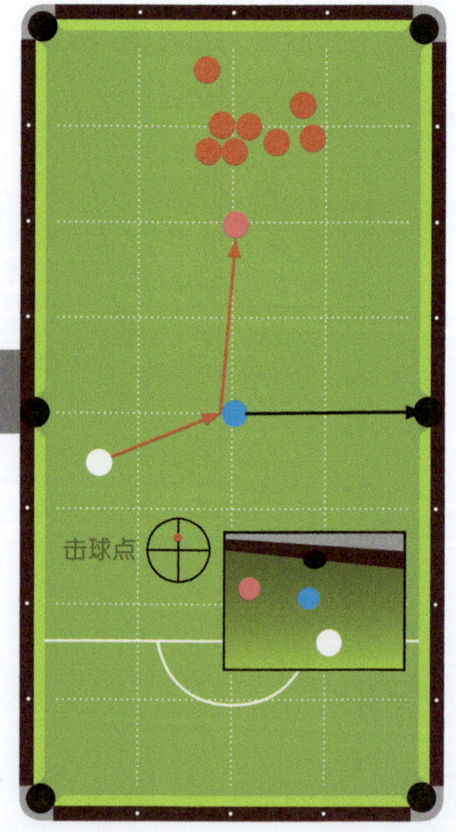

案例 4

高杆击球

如图所示，白球离目标球的距离是比较近的，6 分球与 5 分球在同一直线上。这时候击打白球的右上方，使蓝色的球向右运动，撞击后的白球向上进行运动撞击到 6 分球。

案例 5

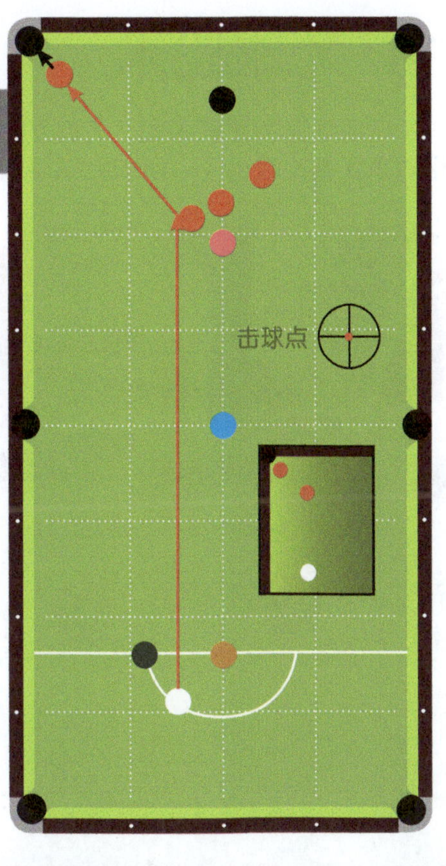

中杆击球

如右图示，这里的开仑距离太长，对走位精确控制要求高。唯一便利的是袋口球距离袋口不远。

白球在开球区中与目标球成一条直线，就可以使用中杆击打目标球的左侧，然后使白球向左上方运动，撞击袋口边的红球，使红球进袋。

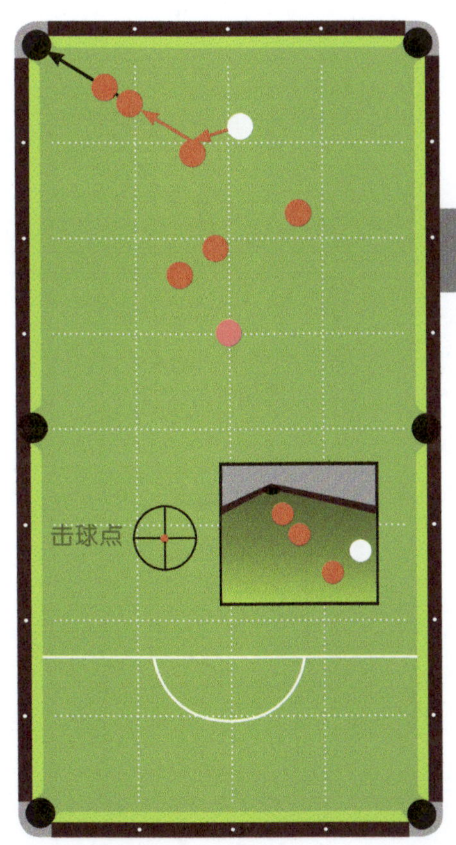

案例 6

中杆击球

如左图示，台面上有许多障碍球，开仑是在白球连续撞击多个球后完成了进球和防守两个目的的击球方法。

使用时要注意的是，白球行进距离不能太长，多次撞击的球之间距离不太大时才适合使用。而白球在一开始撞击的必须是活球（在规则内，所有能优先被白球撞击的球）。

14. 九球战术

与斯诺克相比较来说，九球的台面比较小，袋口比较大。斯诺克的台桌相对来说就比较小了。所以九球就有更高的进攻性了。

14.1 吻击球

就是利用白球去撞击目标球，使目标球撞击到其他球后入袋，这是当目标球停在无法直接入袋的位置时，经常采用的技巧之一。

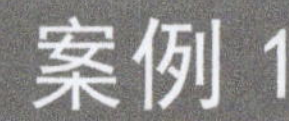

案例 1

中杆击球 

右图中有两颗目标球，图中所击打的是 2 号球。使用中杆击打白球撞击 2 号球，2 号球向前运动碰撞到 3 号球的右侧，直接进袋。

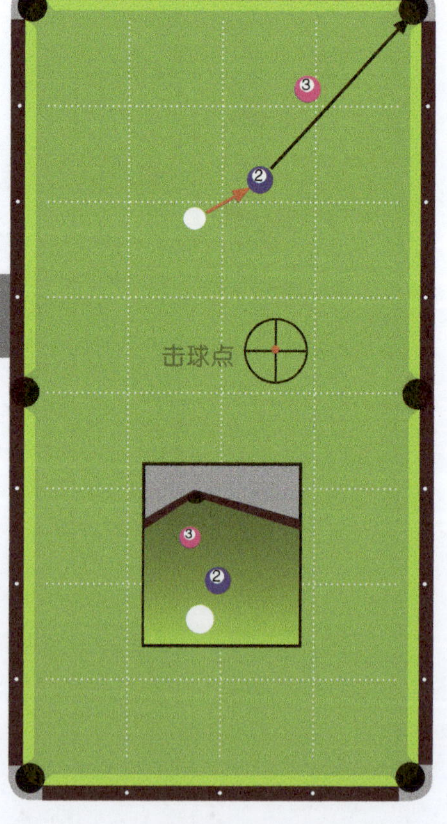

案例 2

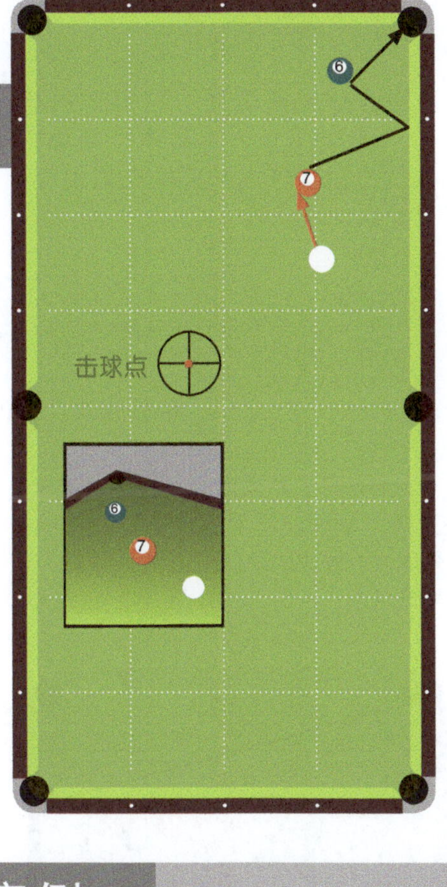

中杆击球

如右图示，有两颗目标球，图中所要击打的是 7 号球。使用中杆击打 7 号球的左侧，使 7 号球向右运动吃库反弹后撞击到 6 号目标球后，7 号球进袋，6 号球向左运动。

案例 3

中杆击球

如左图，有两颗目标球，图中所要击打的是 4 号球。使用中杆击打 4 号球，使 4 号球碰撞到 5 号球，然后直接进袋。

14.2 联合球

联合球就是要通过三颗球的碰撞（包括白球）使球落袋。利用白球去撞击目标球后又去撞击其他球，并且使其他球入袋。

案例 1

中杆击球

如右图示，4 号球是目标球，3 号球是落袋目标球。使用中杆击打白球撞击 4 号球，4 号球运动后撞击到 3 号球，使 3 号球落袋。

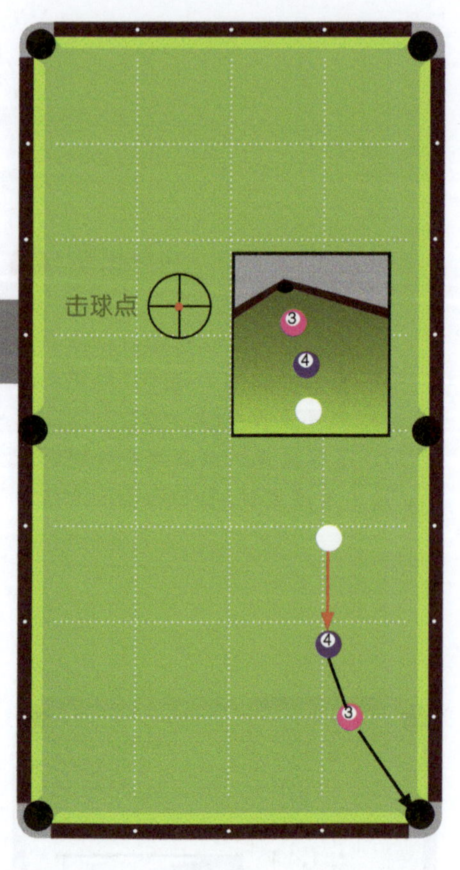

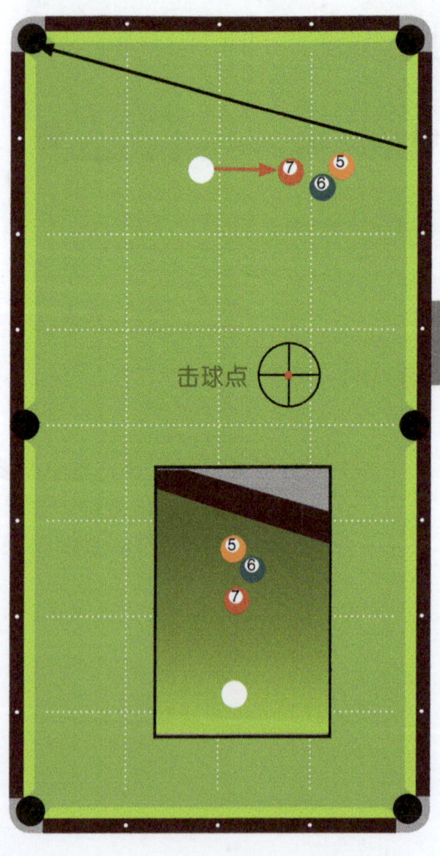

案例 2

中杆大力击球

左图中 7 号球是目标球，5 号球是落袋目标球。控制好力量，使用中杆击打白球撞击 7 号球，7 号球向前运动首先碰撞到 6 号球，由于力量较强，7 号球继续向前运动撞击到 5 号球，使 5 号球吃库反弹到向左运动并且入袋。

案例 3

中杆击球

如右图示，4 号球是目标球，2 号球是落目标球。使用中杆击打白球撞击 4 号球，4 号球向前运动碰撞到 3 号球，然后继续向前撞击到 2 号球，使 2 号球进袋。（在此之前注意力量的控制，以免造成白球落袋的局面）

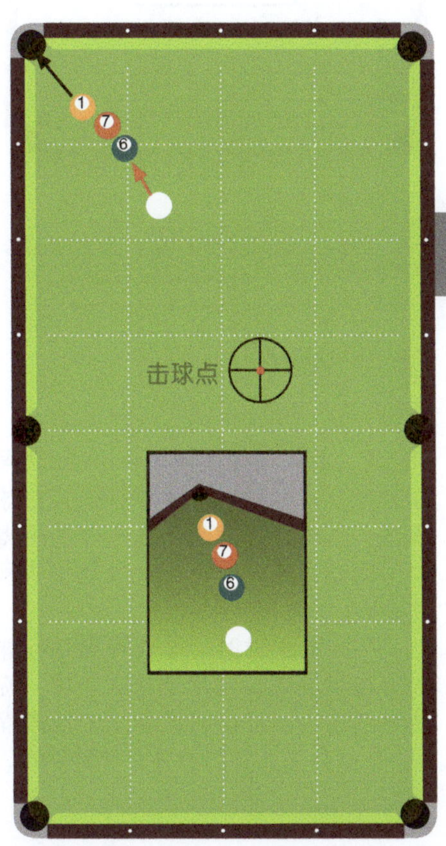

案例 4

击打关键球

在左图中有 4 颗球，1 号球是落袋目标球，6 号球是关键球。关键球的位置在联合球中非常重要，由于撞击点不同，球的运动也会发生变化。在撞击关键球时，要特别注意它的正确被击点以及正确撞击下一个目标的撞点。

14.3 炮弹球

炮弹球就是用白球撞击台面上号码最小的目标球，然后再撞击其他的目标球，并且使其落袋。

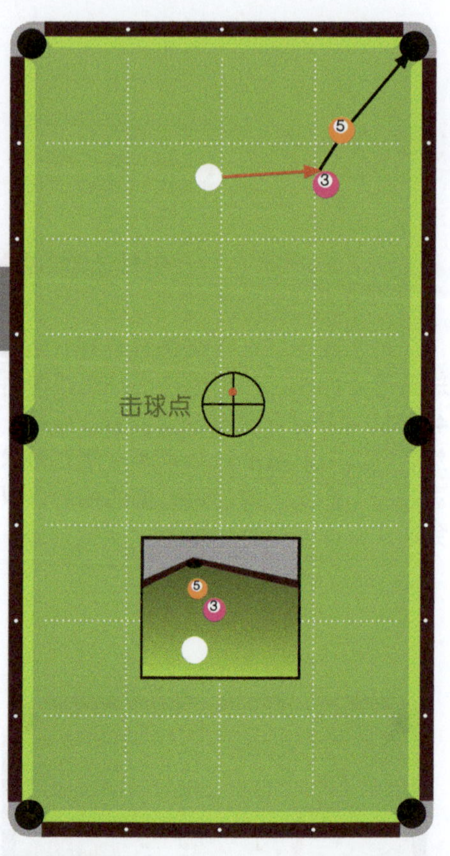

案例 1

高杆击球

在右图中有两个目标，使用高杆击打白球撞击 3 号球，白球由于 3 号球的阻碍向上运动撞击到 5 号球，并且使 5 号球进袋。

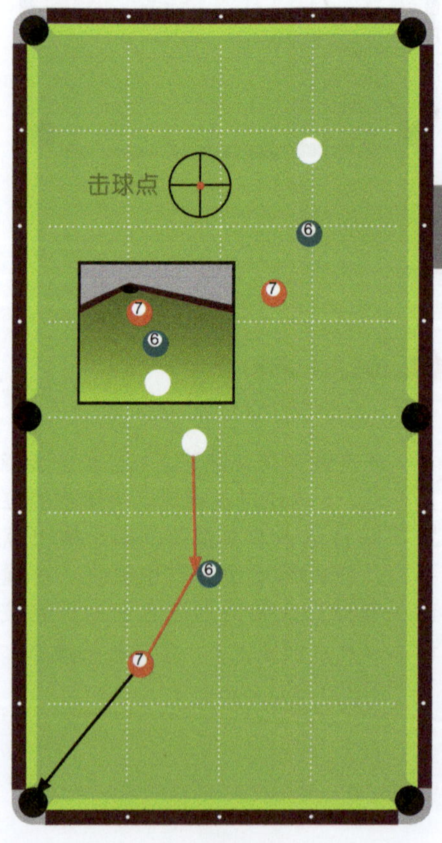

案例 2

中杆击球

在左图 6 号球是第一目标球，7 号球是第二目标球。使用中杆击打白球撞击 6 号球，白球由于 6 号球的阻碍向下运动撞击到 7 号球，并且使 7 号球进袋。

在打炮弹球时，应该根据目标球的分布情况来灵活地选择拉、推、旋转等杆法，以及击打目标球的薄厚程度。当然力量的控制也是非常重要的。

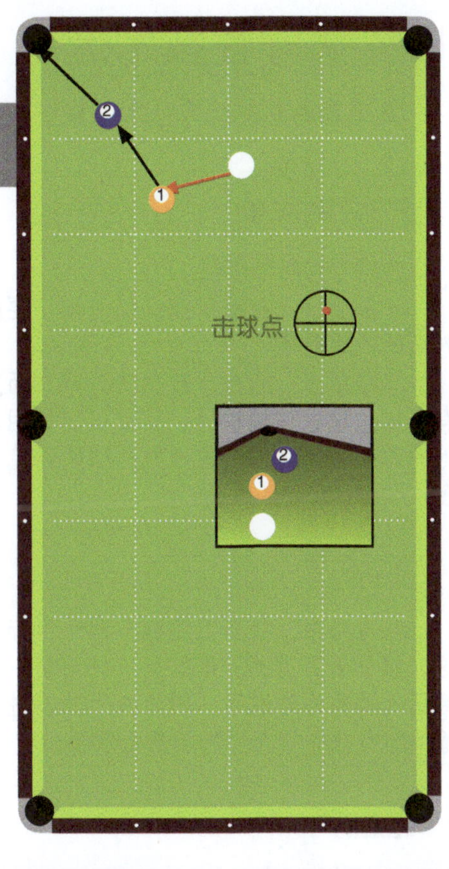

案例 3

高杆击球

右图中 1 号球是第一颗目标球，2 号球是进袋目标球。击打 1 号球的后方，使 1 号球向上运动，碰撞到 2 号球，2 号球向前运动并进袋。

案例 4

中杆击球

左图中三颗球差不多可以看作是在一条直线上，这种球是比较好击打的。5 号球是第一颗目标球，6 号球是进袋目标球。使用中杆击打 5 号球，使 5 号球向上运动，碰撞到 6 号 球，6 号球向前运动并进袋。

14.4 防守性技术运用

九球最重要的防守技术就是进攻，所以在实战中，运动员们都会选择进攻。

开球后的防守

开球后有两种情况。

一是空杆，在使用空杆的时候，要向裁判声明使用空杆。

二是台面上的球比较多的时候，而又没有可以击球进袋的机会，那就可以利用台面上的球来做障碍球。这个方法跟斯诺克差不多。

尾球防守

在尾局中，台面上还剩下两个目标球，这时候是最关键的。最好是一杆清台，否则最后一颗目标球进了，但是 9 号球没进，那输的机会就非常大，甚至毫无悬念。

尾盘防守

当台面上只剩两个目标球的时候，就算是尾局了，在这种情况下的防守更没的说了。但是在没有把握的情况下，也不妨把防守的含义包含进去，为以后创造新的机会。

中盘防守

当台面上有 4 ~ 6 颗球时，就可以算作是中盘了。在中盘阶段的时候防守困难是很大的。因为九球击球进袋的时候可以运用吻击球、炮弹球和联合球等多种方式。而且台面比较小，下球也比较容易，防守的难度相对来说要大于开球。

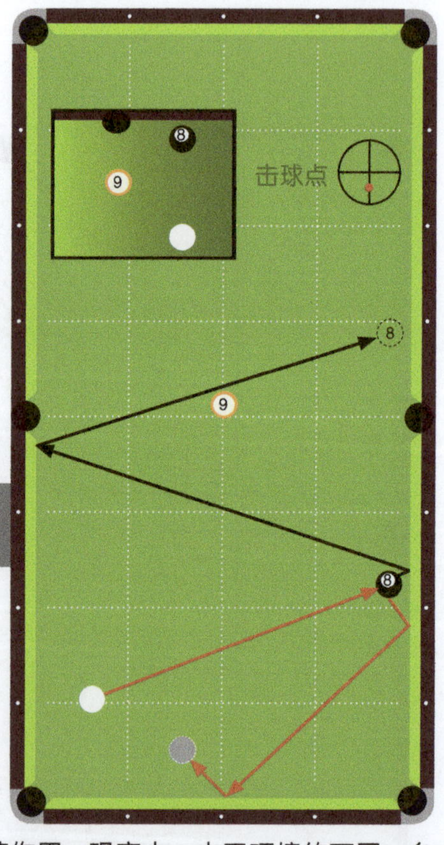

案例

尾球防守

尾局时还剩两颗球，在没把握的情况下就采取防守型进攻，为下次击球创造新的机会，但是最好是一杆清台，不然也会给对手又一次机会。

说明：本书中所列举各种球路，均为示范作用，现实中，由于环境的不同、台呢阻力的不同，以及操作者力度大小、杆位把握的不同，球路可能会与本书示范球路有所差异。